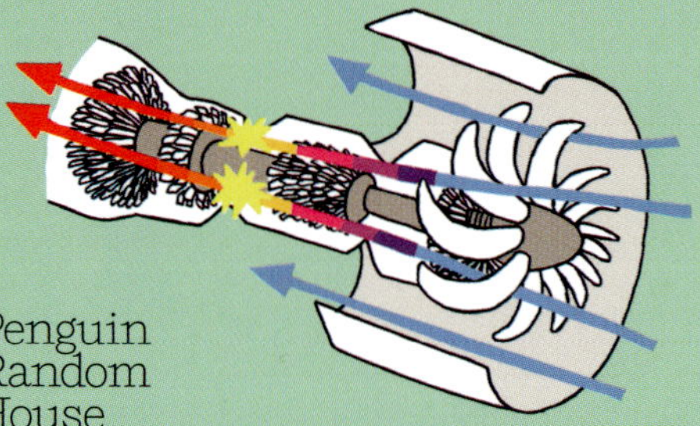

DK | Penguin Random House

Titel der englischen Originalausgabe:
Everyday Workings of Machines

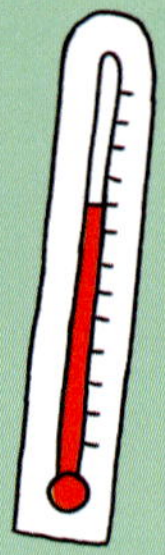

Für die deutsche Ausgabe:
Projektbetreuung Martina Glöde
Herstellungskoordination Franziska Creutzburg
Herstellung Christine Rühmer

Übersetzung Birgit Reit
Lektorat Claudia Wagner

ISBN 978-3-8310-4286-9
5902-970274-22297-04

Druck und Bindung 1010 Printing, China

FSC www.fsc.org MIX Papier | Fördert gute Waldnutzung FSC® C016973

www.dk-verlag.de

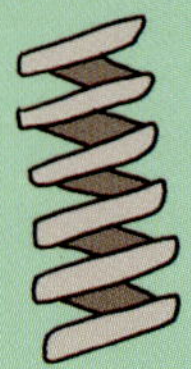

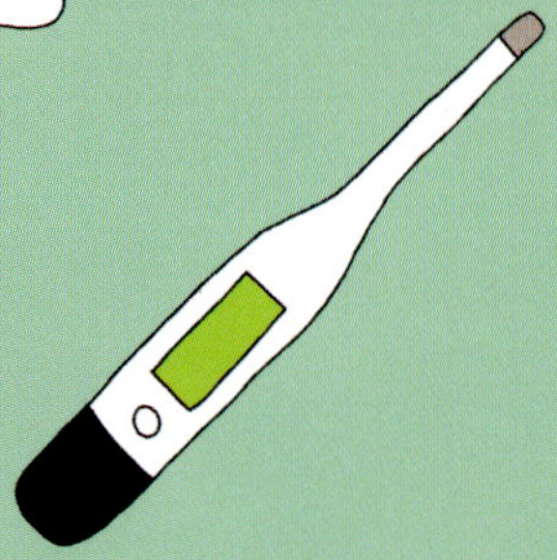

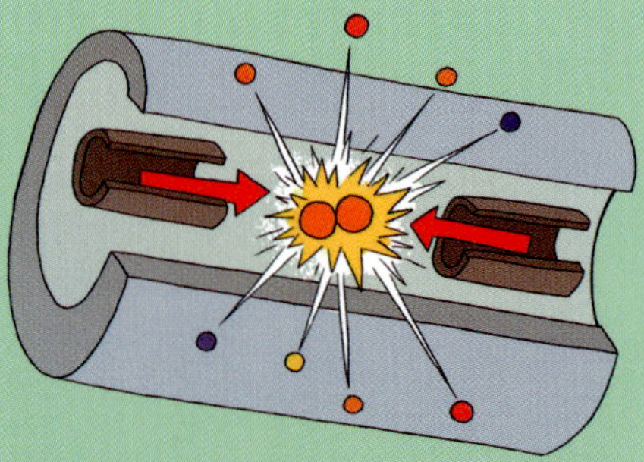

Wie toastet der Toaster das Brot?

Das Innenleben großer und kleiner Maschinen – einfach erklärt

Steve Martin

Illustrationen: Valpuri Kerttula

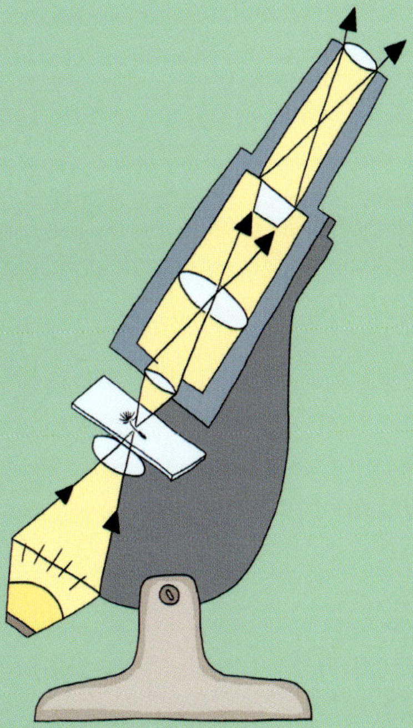

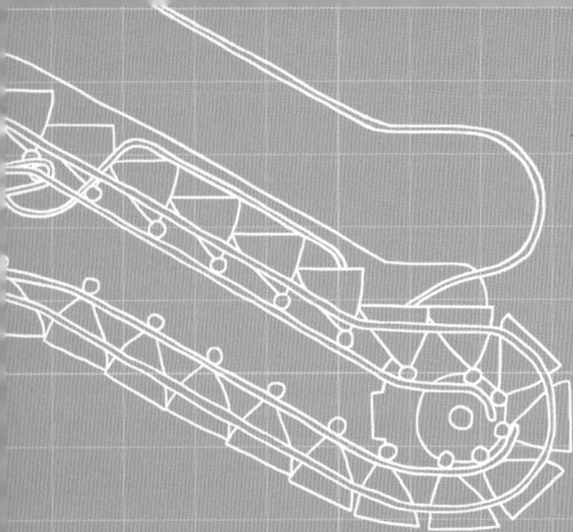

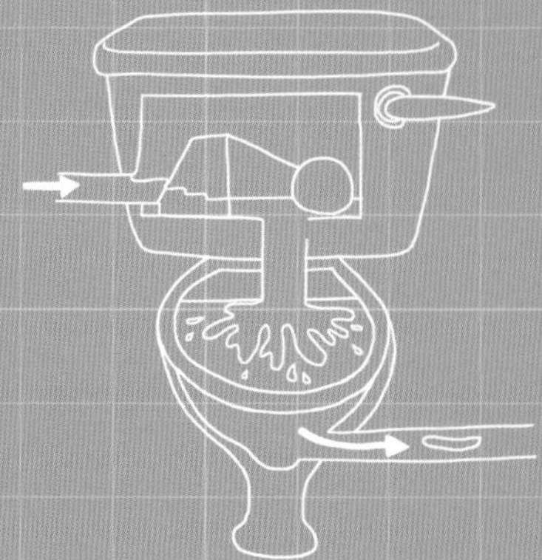

INHALT

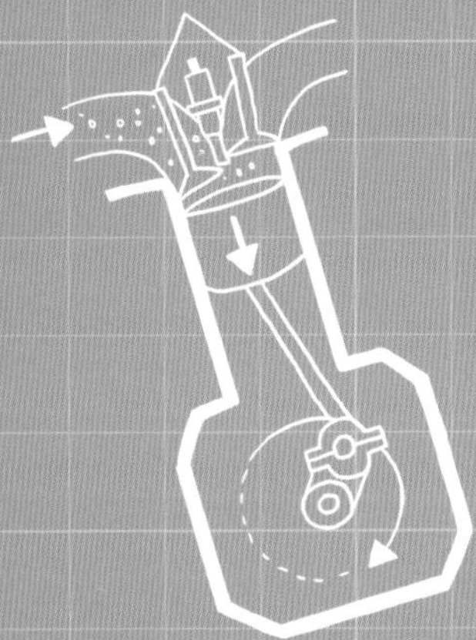

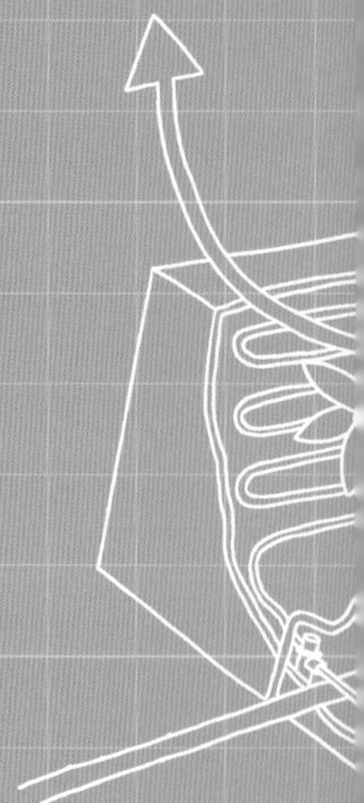

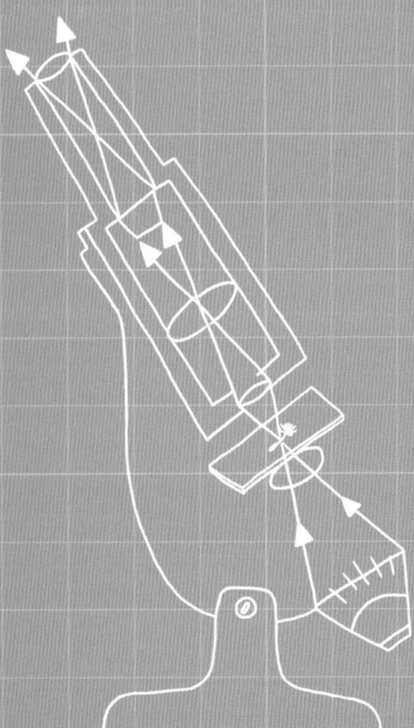

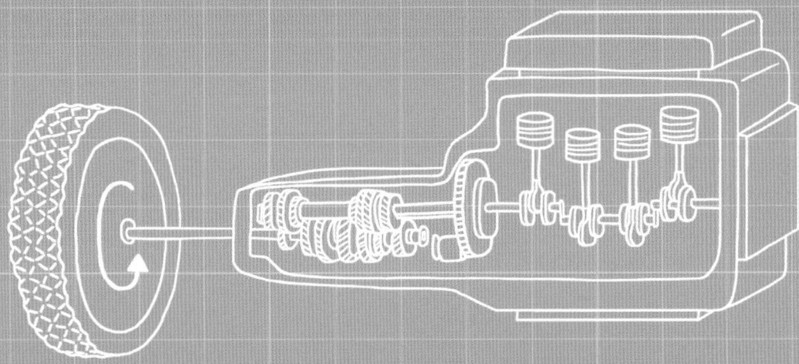

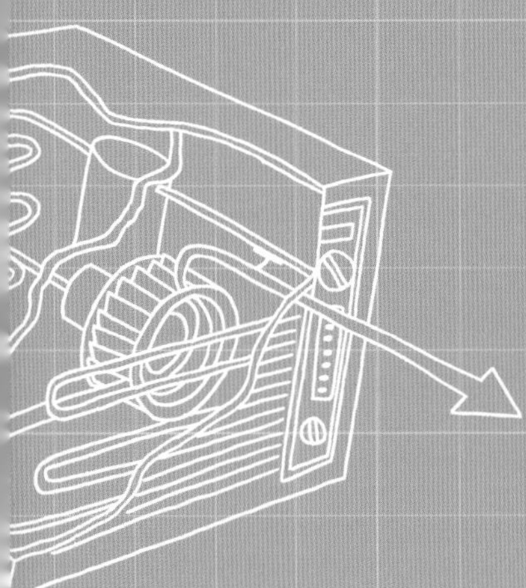

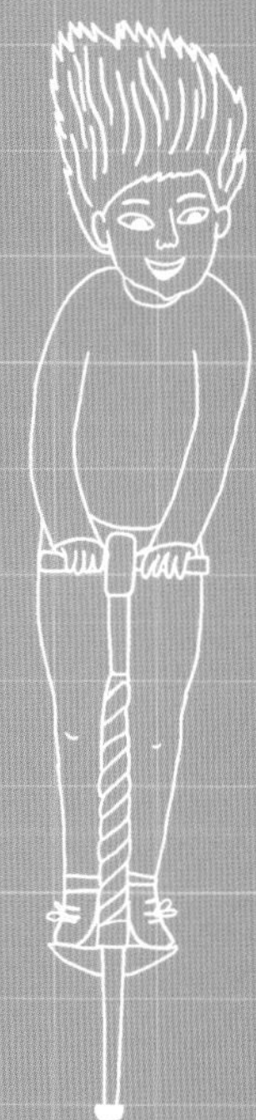

Maschinen und Geräte

Maschinen gibt es, seitdem es Menschen gibt - von den ersten Feuersteinen zum Schaben, Schneiden und Hacken bis hin zur Erfindung des Rads. Du selbst benutzt jeden Tag wahrscheinlich Hunderte von Maschinen!

Stell dir nur einmal einen ganz normalen Morgen vor ... Du hüpfst aus dem Bett und läufst ins Bad. Du spülst (hoffentlich!) die Toilette und genießt eine warme Dusche. Dann gibt es Frühstück: Dein Toast springt aus dem Toaster und die Milch kommt schön kühl aus dem Kühlschrank. Jetzt musst du in den Kindergarten oder zur Schule, also schließt du oder deine Mutter die Haustür ab und ihr steigt aufs Fahrrad. In weniger als einer Stunde hast du eine Vielzahl von Maschinen und Geräten benutzt. Kannst du sie zählen?

All diese Maschinen verwenden wir, weil sie uns das Leben erleichtern. Sie helfen uns bei der Arbeit und sorgen dafür, dass wir uns bei vielen Tätigkeiten weniger anstrengen müssen.

In diesem Buch erfährst du, wie verschiedenste Maschinen funktionieren - von der Schubkarre bis hin zu den Robotern, die den Mars erforschen. Sicher wird das deinen Blick auf all diese Geräte verändern!

Einfache Maschinen

Es gibt viele Arten von Maschinen: ganz einfache Geräte (die nur aus wenigen Teilen bestehen) und komplexe Maschinen (die sich wiederum aus unterschiedlichen Einzelmaschinen zusammensetzen). Eine Schere besteht zum Beispiel aus Hebeln (die beiden Griffe) und Keilen (die Schneiden). Hier siehst du, wie einfache Maschinen funktionieren.

Keil

Bei einem Keil laufen die Seitenflächen zu einem spitzen Winkel zusammen. Wenn du den Keil vorwärts drückst, werden auch Kräfte nach oben und unten ausgeübt. Er wird benutzt, um Gegenstände zu spalten oder zu teilen. Auch die Schneiden einer Schere sind schmale Keile, die Papier in Teile teilen.

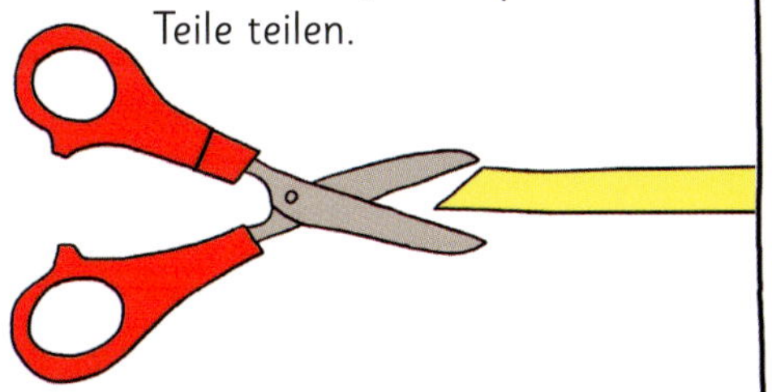

Hebel

Ein Hebel ist eine Stange, die an einem Punkt, dem Drehpunkt, befestigt ist. Er sorgt dafür, dass man eine schwere Last mit weniger Kraft anheben oder bewegen kann. Eine Schubkarre ist eine Kombination einfacher Geräte, darunter ein Hebel: Das Rad bildet den Drehpunkt und die Griffe sitzen an den Enden von zwei Stangen. Wenn du die Griffe hebst, hebst du damit die schwere Last in der Karre.

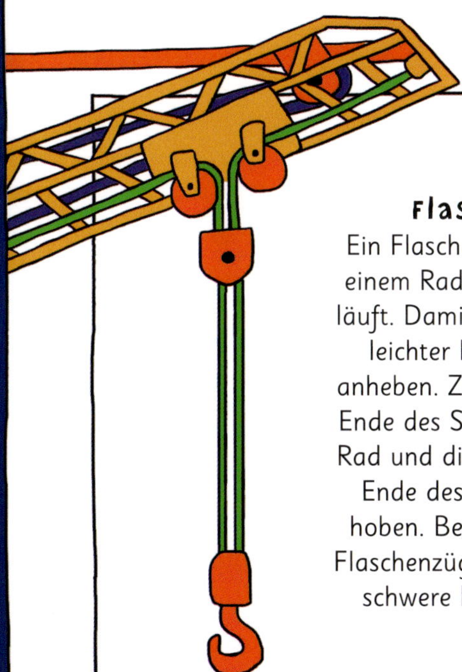

Flaschenzug

Ein Flaschenzug besteht aus einem Rad, über das ein Seil läuft. Damit lassen sich Dinge leichter hochziehen oder anheben. Zieht man an einem Ende des Seils, dreht sich das Rad und die Last am anderen Ende des Seils wird angehoben. Bei Kränen kommen Flaschenzüge zum Einsatz, um schwere Lasten zu heben.

Rad und Achse

Eine Achse ist eine Stange, die durch die Mitte eines Rads verläuft. Bei Autoachsen ist an beiden Enden ein Rad befestigt. Wirkt eine Kraft auf die Achse, drehen sich die Räder mit.

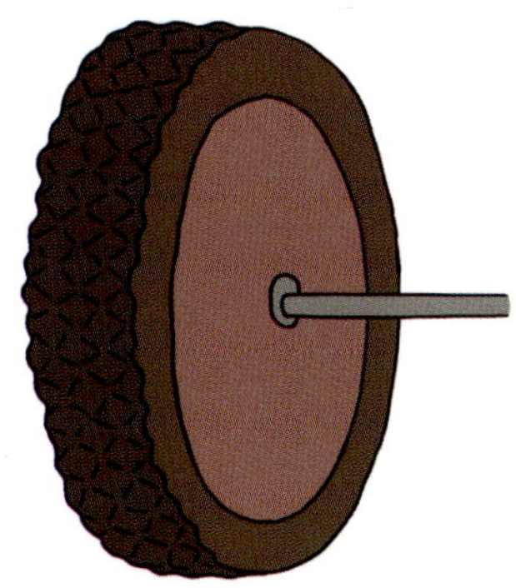

ZU HAUSE

Dein Zuhause steckt voller Maschinen. Zwei der wohl wichtigsten sind der Toaster, weil Toast einfach lecker ist, und die Toilette, weil ... na, du weißt schon. Aber hast du dich je gefragt, wie diese beiden Dinge funktionieren? Sehen wir sie uns einmal genauer an!

Toaster

Manche Maschinen verwandeln Elektrizität in Wärme. So zaubert auch der Toaster aus kaltem Brot knusprigen Toast.

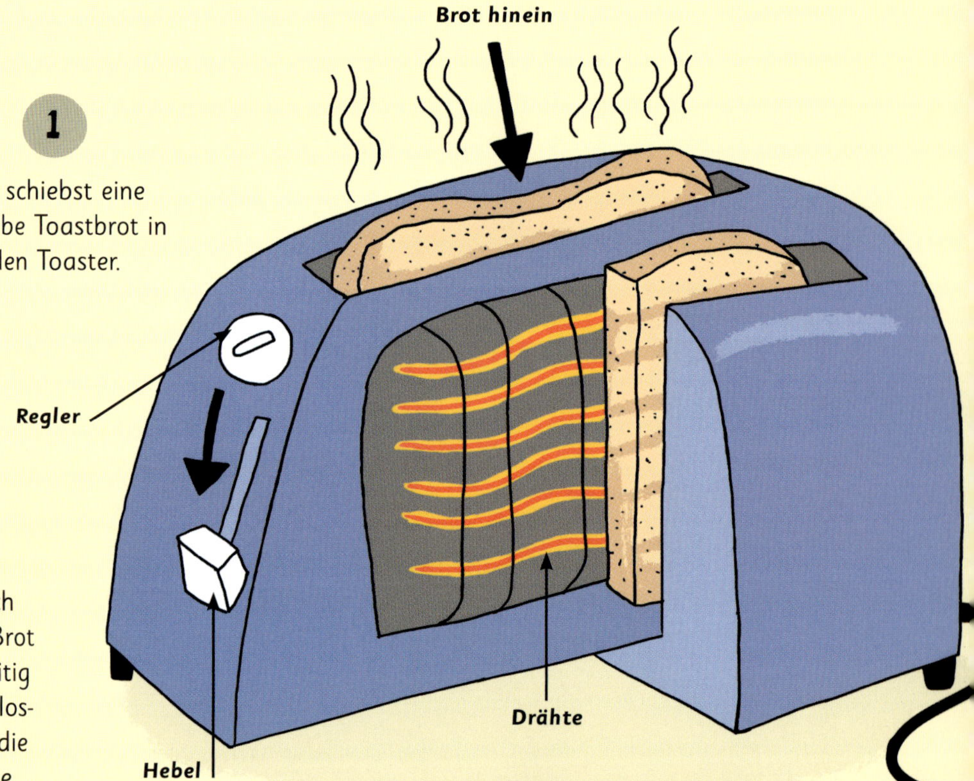

1

Du schiebst eine Scheibe Toastbrot in den Toaster.

2

Wenn du den Hebel nach unten drückst, sinkt das Brot in den Spalt und gleichzeitig wird ein Stromkreis geschlossen, sodass Strom durch die Drähte fließt. Die Drähte verlaufen in Reihen zu beiden Seiten der Brotscheibe.

3

Der Strom muss sich durch den Widerstand der Drähte arbeiten. Dadurch entsteht Wärme – die Drähte werden heiß und beginnen zu glühen. So wird das Brot braun und knusprig getoastet.

4

Am Toaster befindet sich ein Regler. Wenn das Brot die richtige Bräune hat, springt der Hebel wieder hoch. Der Stromkreis wird unterbrochen, der Toast kommt heraus. Lecker!

GUTE UND SCHLECHTE LEITER

Die meisten elektrischen Drähte sind aus Kupfer, weil dieses Metall gut leitet. Der elektrische Strom fließt ohne großen Widerstand durch die Drähte. Aber auch Drähte aus schlechten Leitern sind manchmal nützlich, denn sie werden schneller heiß, wenn Strom hindurchfließt. Die Drähte in einem Toaster sind meist aus Nickelchrom, einem schlecht leitenden Material.

Toilette

Du gehst auf die Toilette, betätigst einen Knopf oder Hebel und schwupps – dein „Geschäft" wird weggespült. Wie geht das?

TIPP: Eine Toilettenfee gibt es nicht!

1

Das Wasser der Toilettenspülung ist im Spülkasten. Der Spülknopf ist ein Hebel, der ein Ventil (einen Verschluss) öffnet, wenn du ihn drückst. Oft sitzt der Spülkasten auch in der Wand und du drückst einen Schalter. Durch das Ventil fließt das Wasser aus dem Spülkasten in die Toilettenschüssel.

2

Das fließende Wasser spült dein „Geschäft" ins Abflussrohr, das zum Abwasserkanal führt. Gute Reise, Sch…! Im Spülkasten sinkt inzwischen mit dem Wasserspiegel auch der Schwimmer.

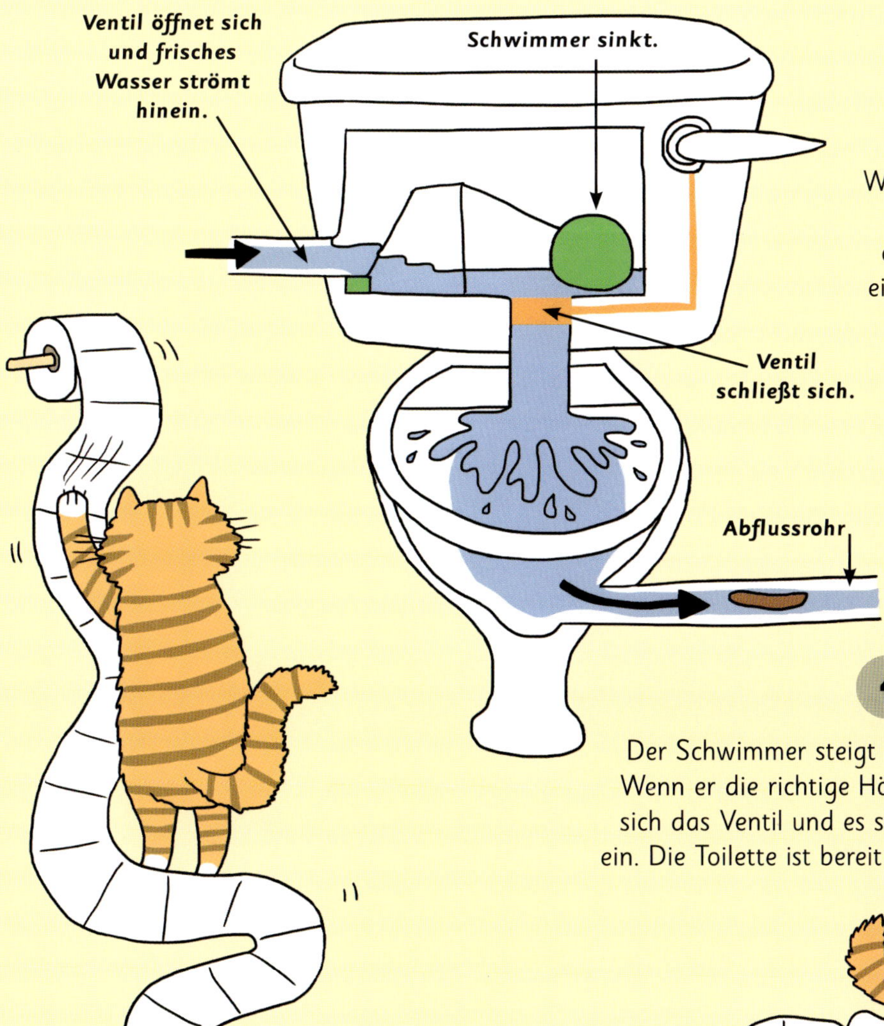

3

Wenn der Spülkasten leer ist, passieren zwei Dinge: 1. Das Ventil schließt sich. 2. Der Schwimmer erreicht den Boden des Kastens und drückt dort einen Hebel, der ein zweites Ventil öffnet, aus dem wieder frisches Wasser einströmt.

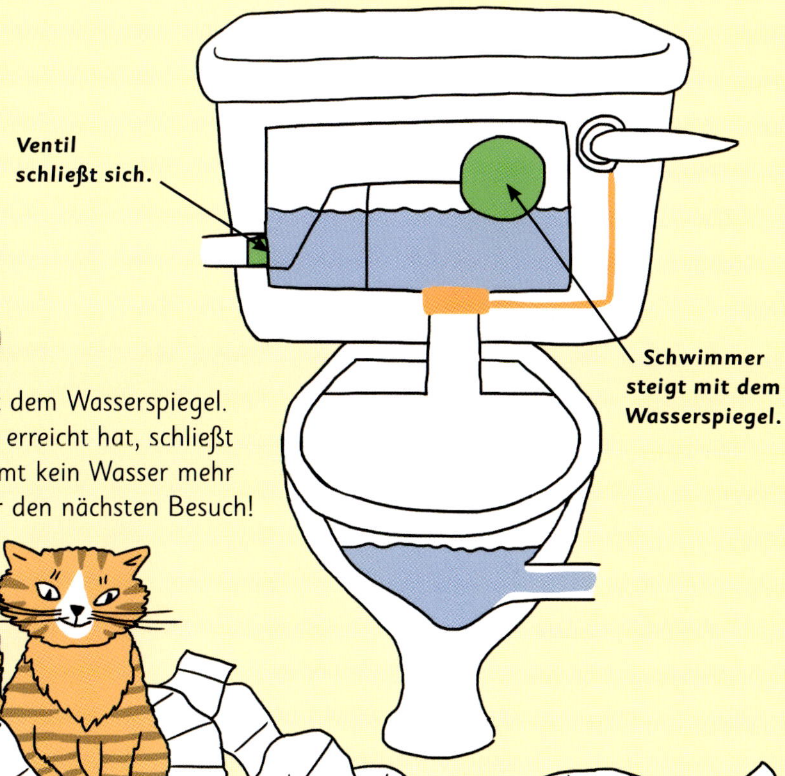

4

Der Schwimmer steigt mit dem Wasserspiegel. Wenn er die richtige Höhe erreicht hat, schließt sich das Ventil und es strömt kein Wasser mehr ein. Die Toilette ist bereit für den nächsten Besuch!

BEIM EINKAUFEN

Im Einkaufszentrum wimmelt es nur so vor nützlichen Maschinen. Mit Rolltreppen kommst du schnell von Stockwerk zu Stockwerk, ohne zu ermüden, und Strichcode-Scanner sorgen dafür, dass die Ladenbesitzer immer wissen, was und wie viel sie zu welchem Preis verkaufen. Sehen wir uns diese Maschinen genauer an!

Rolltreppe

Rolltreppen brauchen mehr Platz als normale Treppen, aber sie befördern mehr Menschen schneller ans Ziel. Und sie ersparen uns sehr viel Anstrengung! Aber wie funktionieren sie?

Die kürzeste Rolltreppe der Welt ist in Japan. Sie ist etwa 83 cm lang und hat nur fünf Stufen!

1

Ein Elektromotor treibt das Antriebszahnrad am oberen Ende der Rolltreppe an. Dieses Zahnrad bewegt eine Kette, die sich in einer Endlosschleife um das Antriebszahnrad oben und das Rücklaufzahnrad am unteren Ende der Rolltreppe dreht.

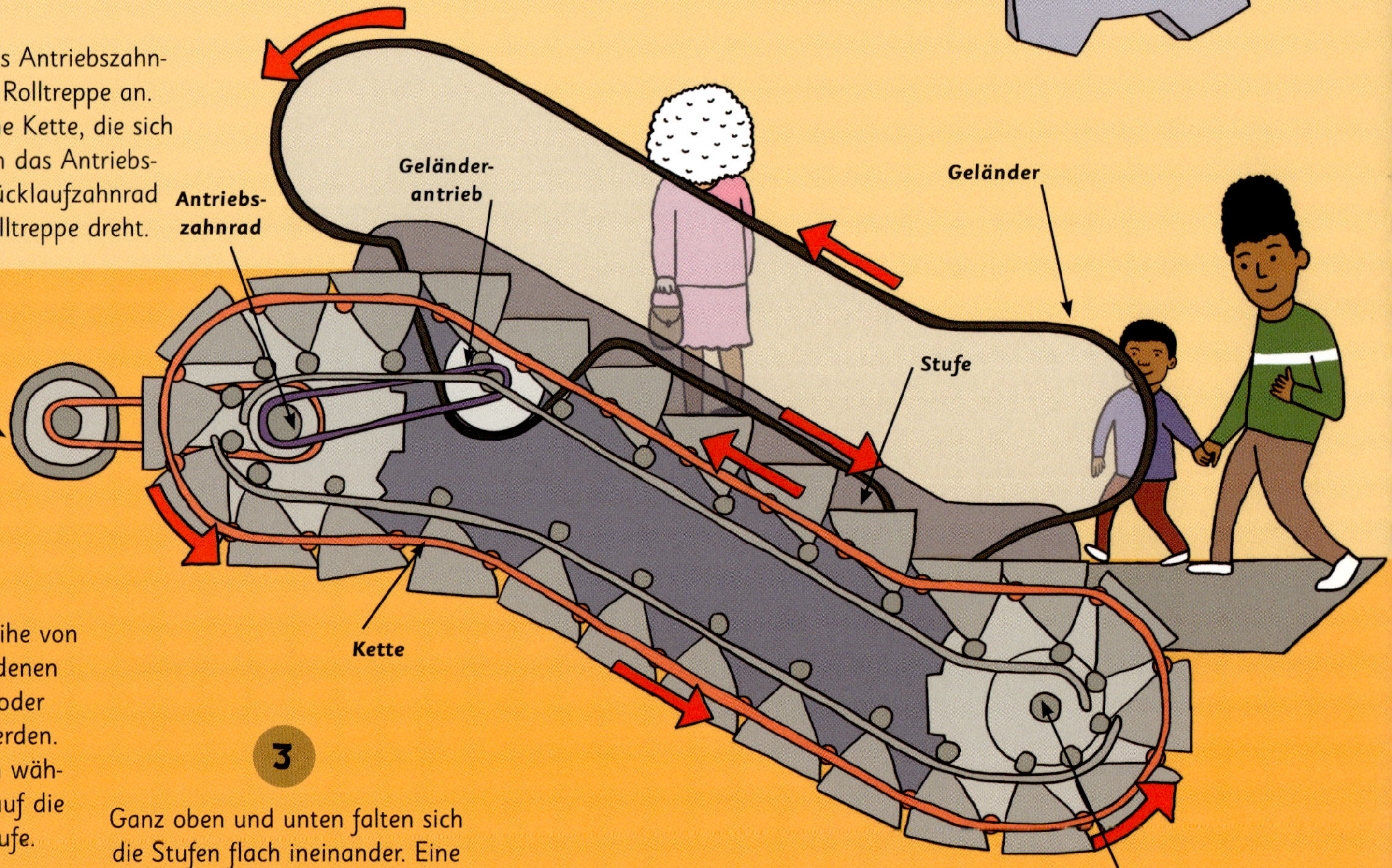

2

Die Kette zieht eine Reihe von Stufen mit sich, auf denen Personen aufwärts oder abwärts getragen werden. Jede Stufe stützt sich während der Bewegung auf die vor ihr liegende Stufe.

3

Ganz oben und unten falten sich die Stufen flach ineinander. Eine ebene Fläche entsteht, über die die Personen ganz leicht ein- und aussteigen können.

4

Das Geländer bewegt sich gleich schnell wie die Stufen. Es wird ebenfalls von dem Elektromotor angetrieben und läuft in einer Endlosschleife parallel zu den Stufen. Sehr praktisch!

Strichcode-Scanner

Piep … Piep … Piep! An der Kasse tastet der Scanner einen Strichcode nach dem anderen ab. Hier erfährst du, wie das funktioniert.

1

Cool! Endlich hast du die perfekte Jeans gefunden. An der Kasse gibst du sie dem Kassierer. Wie jede andere Ware in dem Laden hat auch die Jeans einen eigenen, einzigartigen Strichcode.

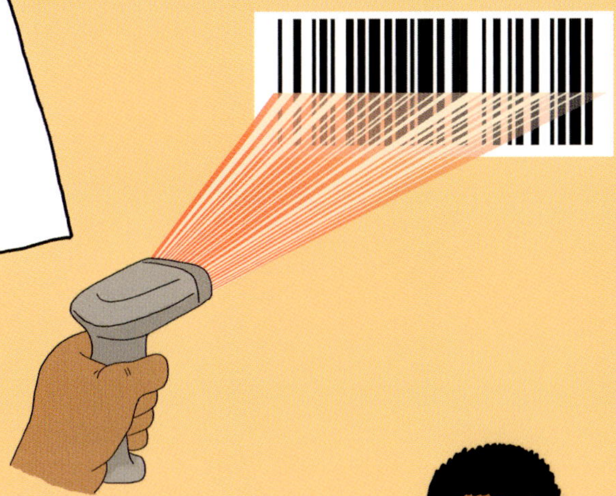

2

Der Kassierer betätigt eine Maschine, den Scanner, der den Strichcode kurz beleuchtet. Die weißen Streifen reflektieren das Licht, die schwarzen aber nicht. Ein Sensor im Scanner erkennt das Muster des reflektierten Lichts und erzeugt ein entsprechendes Signal.

3

Ein elektrischer Stromkreis im Scanner wandelt das Signal in einen Binärcode um (die Sprache der Computer). Ein Computer empfängt den Code und gleicht ihn mit der Ware ab. Er zeigt an, wie viel sie kostet und wie viel davon noch auf Lager ist. Du hast das letzte Exemplar erwischt. Glück gehabt!

WAS IST EIN STRICHCODE?

Die meisten Waren im Einkaufskorb, von Zahnpasta bis Schokolade, sind heute mit solchen schwarz-weißen Strichcodes gekennzeichnet. Mithilfe von Scannern und einem Computer können sich die Ladenbesitzer so einen guten Überblick darüber verschaffen, was sie zu welchem Preis verkaufen und was sie nachbestellen müssen.

Strichcodes bestehen aus einer Reihe von Zahlen. Da man Zahlen aber leicht verwechseln kann – eine 6 wird leicht zu einer 9, wenn man sie verkehrt herum liest – werden sie als Code dargestellt. Jede Zahl erhält in dem Code sieben Streifen, wobei sich schwarze und weiße Streifen in unterschiedlicher Reihenfolge abwechseln.

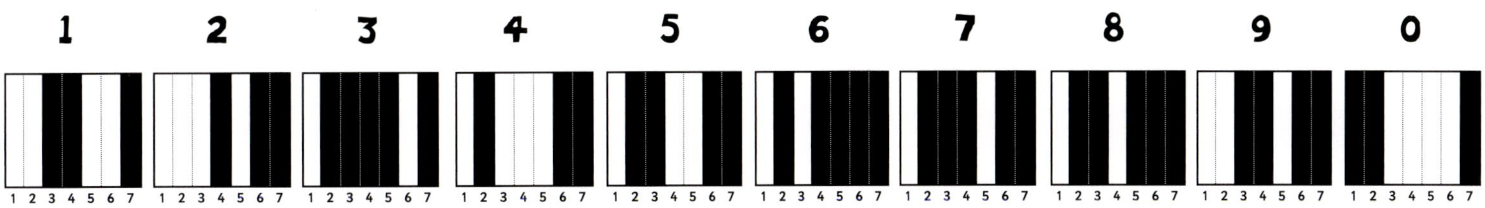

Sie lassen sich zu langen Zahlenfolgen aneinanderreihen. Das ist dann der Strichcode.

DAS AUTO

VERBRENNUNGSMOTOR

Das klingt zwar gefährlich, aber der Name bedeutet nur, dass Treibstoff, zum Beispiel Benzin, innerhalb des Motors verbrannt wird. Früher gab es auch Fahrzeuge, bei denen der Treibstoff außerhalb der Kraftmaschine verbrannt wurde. Ein Beispiel dafür ist die Dampflokomotive (Seite 26).

Auf den Straßen dieser Welt fahren rund 1,4 Milliarden Autos umher. Fast alle von ihnen haben noch einen Verbrennungsmotor. Hier siehst du, wie ein Auto angelassen wird und – was auch sehr wichtig ist –, wie man es wieder anhält.

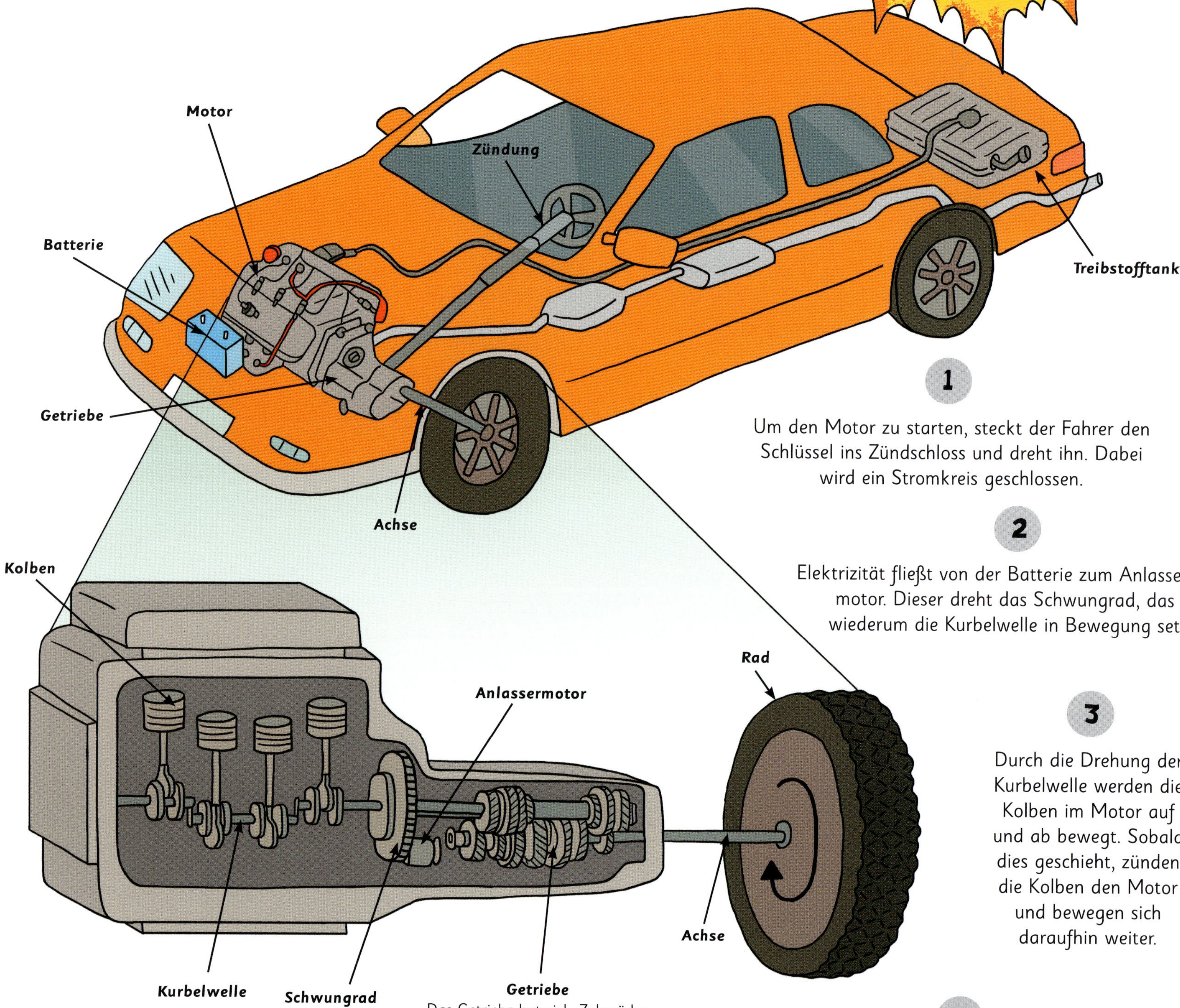

1

Um den Motor zu starten, steckt der Fahrer den Schlüssel ins Zündschloss und dreht ihn. Dabei wird ein Stromkreis geschlossen.

2

Elektrizität fließt von der Batterie zum Anlassermotor. Dieser dreht das Schwungrad, das wiederum die Kurbelwelle in Bewegung setzt.

3

Durch die Drehung der Kurbelwelle werden die Kolben im Motor auf und ab bewegt. Sobald dies geschieht, zünden die Kolben den Motor und bewegen sich daraufhin weiter.

4

Die fortlaufende Bewegung der Kolben dreht die Kurbelwelle in einem fort. Sie ist mit dem Getriebe verbunden, das die Drehbewegung der Kurbelwelle auf die Achse überträgt. Diese wiederum setzt die Räder in Bewegung. Los geht's!

Kolben

Aber, Moment mal … wieso bleiben die Kolben ständig in Bewegung?

1 Wird beim Anlassen des Autos die Kurbelwelle in Bewegung gesetzt, bewegt sich der Kolben abwärts. Mit Luft gemischter Treibstoff aus dem Tank dringt in den Zylinder (das Rohr, in dem der Kolben sitzt).

2 Bewegt sich der Kolben wieder nach oben, wird das Luft-Treibstoff-Gemisch sehr dicht zusammengepresst.

3 Eine Zündkerze entzündet das Luft-Treibstoff-Gemisch mit einem Funken. Die folgende Explosion drückt den Kolben wieder nach unten.

4 Bewegt sich der Kolben nach oben, schiebt er die entstandenen Abgase hinaus. Dann beginnt der Vorgang mit jeder Explosion von Neuem und die Kolben bewegen sich weiter.

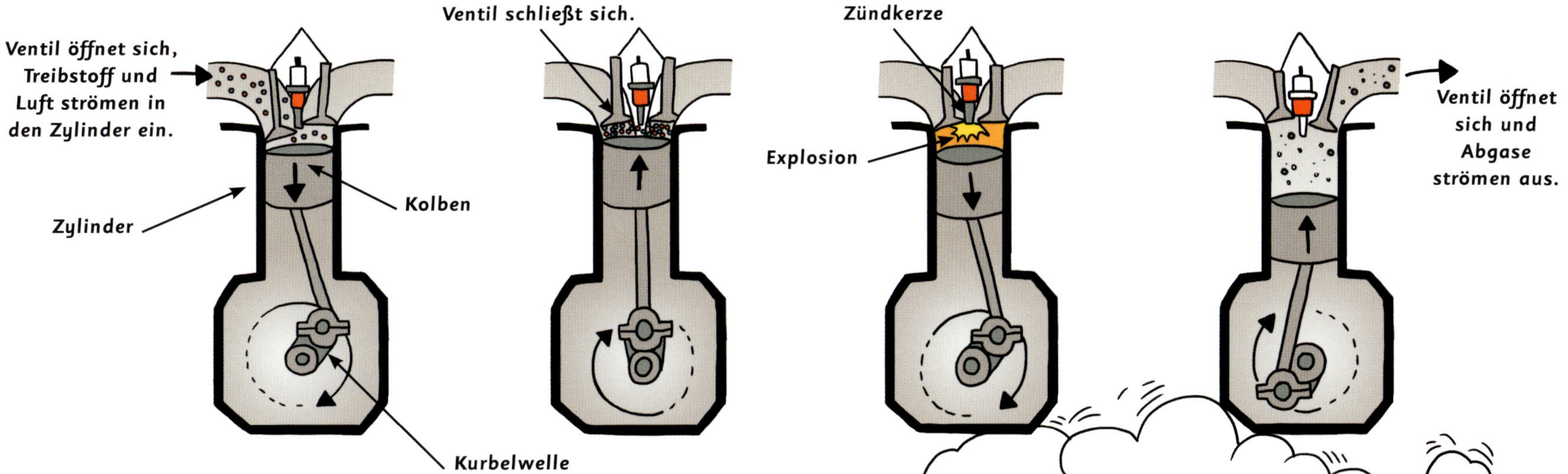

DAS GASPEDAL

Will der Fahrer schneller fahren, tritt er das Gaspedal. Dadurch tritt mehr Luft in die Motorzylinder ein, sodass auch mehr Treibstoff hinzukommt und mehr Explosionen stattfinden. Dadurch bewegen sich die Kolben schneller.

Vollbremsung!

Zum Anhalten oder Bremsen tritt der Fahrer das Bremspedal. Bremsen funktionieren im Auto ähnlich wie beim Fahrrad (Seite 29).

1. Oje! Eine Kuhherde auf der Straße! Der Fahrer tritt das Bremspedal, das einen Hebel betätigt.
2. Der Hebel bewegt einen Kolben, der wiederum die Bremsflüssigkeit durch ein enges Rohr presst.
3. Die Flüssigkeit erreicht einen zweiten Kolben, der die Bremsbeläge gegen eine Scheibe im Rad presst.
4. Die Reibung zwischen den Belägen und der Scheibe bremst das Rad und bringt das Auto zum Stehen. Die Kühe kommen sicher über die Straße!

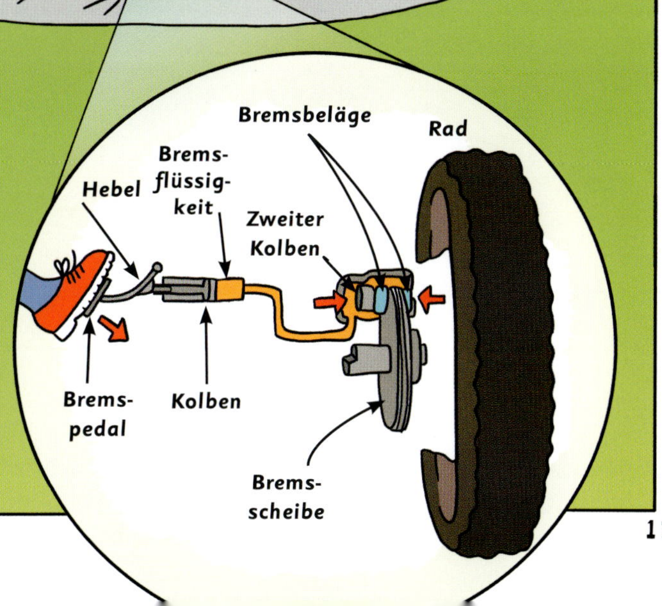

DAS FLUGZEUG

Im Flugzeug, auf dem Weg zu einem schönen, aufregenden Urlaub, machst du dir darüber wahrscheinlich kaum Gedanken. Aber ist es nicht unglaublich, dass diese schweren Maschinen fliegen können? Die Triebwerke treiben das Flugzeug vorwärts, während die Tragflächen es nach oben heben. So funktioniert es ...

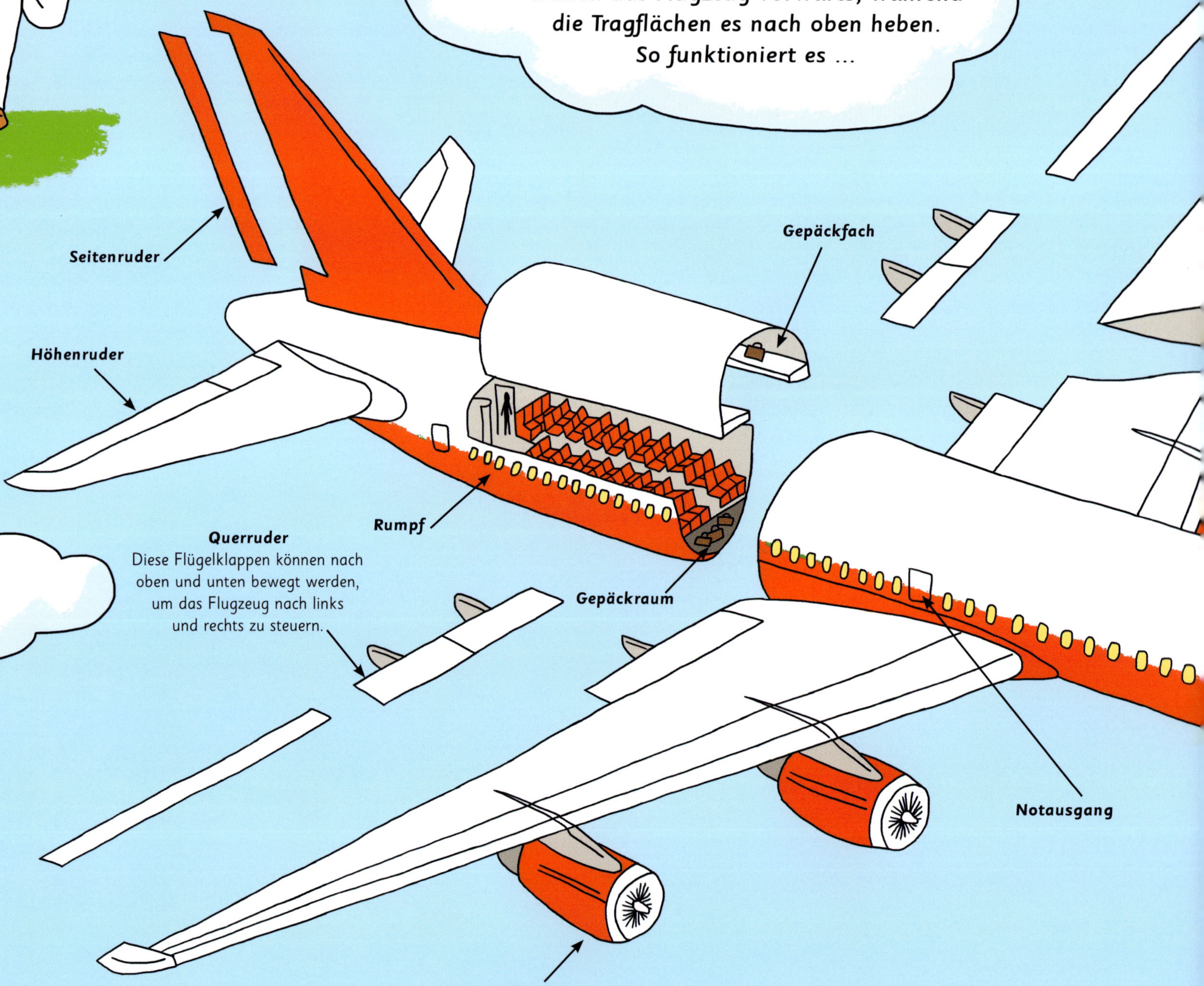

Tragflächen

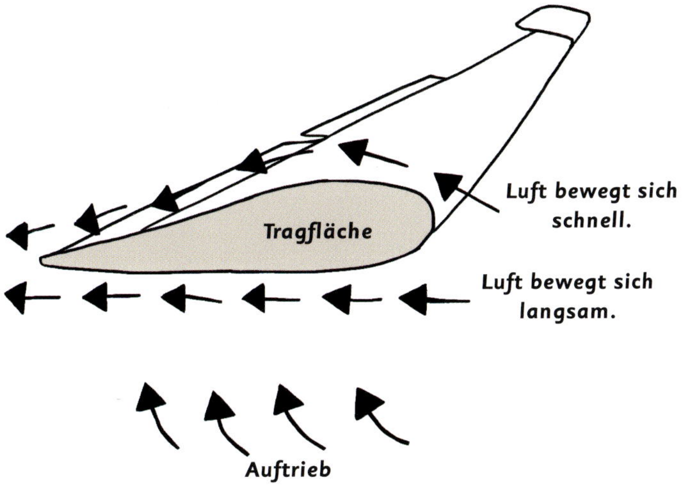

Die Triebwerke bewegen das Flugzeug in hohem Tempo vorwärts, sodass die Luft schnell an den Tragflächen vorbeiströmt. Diese sind so geformt, dass die Luft an der Oberseite schneller strömt als an der Unterseite. Da so der Luftdruck an der Oberseite der Tragflächen niedriger ist als darunter, entsteht eine Auftriebskraft, die das Flugzeug nach oben drückt. Außerdem stehen die Tragflächen in einem Winkel, der die Luft nach unten drückt, was ebenfalls Auftrieb erzeugt.

Cockpit
Pilot und Copilot sitzen hier und steuern das Flugzeug mithilfe der Armaturen im Cockpit.

Triebwerke

1 Flugzeuge haben Düsentriebwerke, die Luft durch ein Gebläse einsaugen.

2 Rotorblätter im Verdichter pressen die Luft immer dichter zusammen, sodass sie unter sehr hohem Druck steht.

3 Die heiße, unter Hochdruck stehende Luft erreicht die Brennkammer, wo sie mit Treibstoff vermischt wird. Ein Funke entzündet das Gemisch.

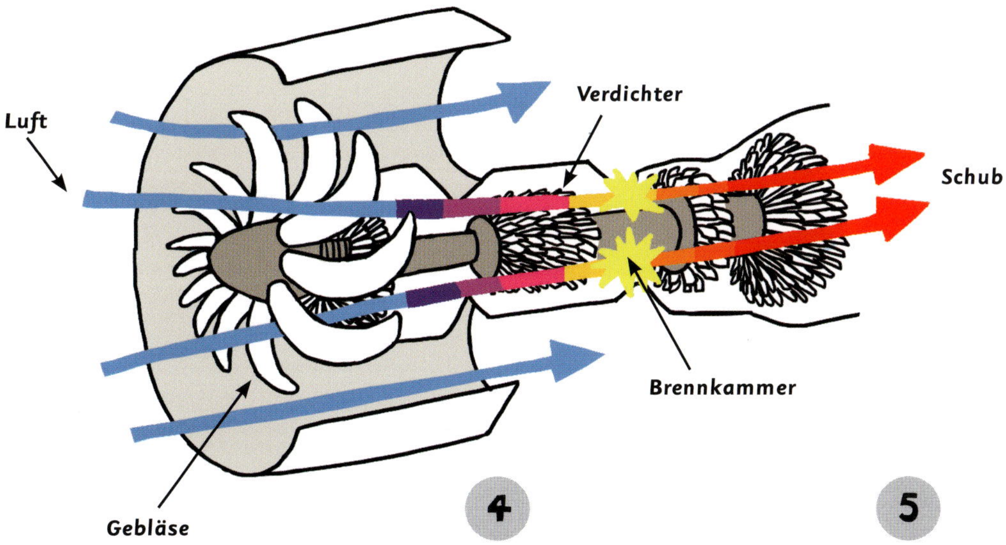

4 Dadurch dehnt sich das Luft-Treibstoff-Gemisch sehr rasch stark aus und wird nach hinten ausgestoßen.

5 Die Kraft dieses Rückstoßes treibt das Flugzeug vorwärts. Man nennt sie Schubkraft.

ÜBER UND UNTER WASSER

Schiffe fahren auf dem Meer umher. Aber auch andere Fahrzeuge können sich über und unter Wasser schnell fortbewegen. Ein Luftkissenboot gleitet über die Wellen, während ein U-Boot tief unter den Meeresspiegel abtauchen kann.

Luftkissenboot

Ein Luftkissenboot (Hovercraft) fährt scheinbar auf der Wasseroberfläche, aber tatsächlich gleitet es durch die Luft. Sieh selbst, wie das geht!

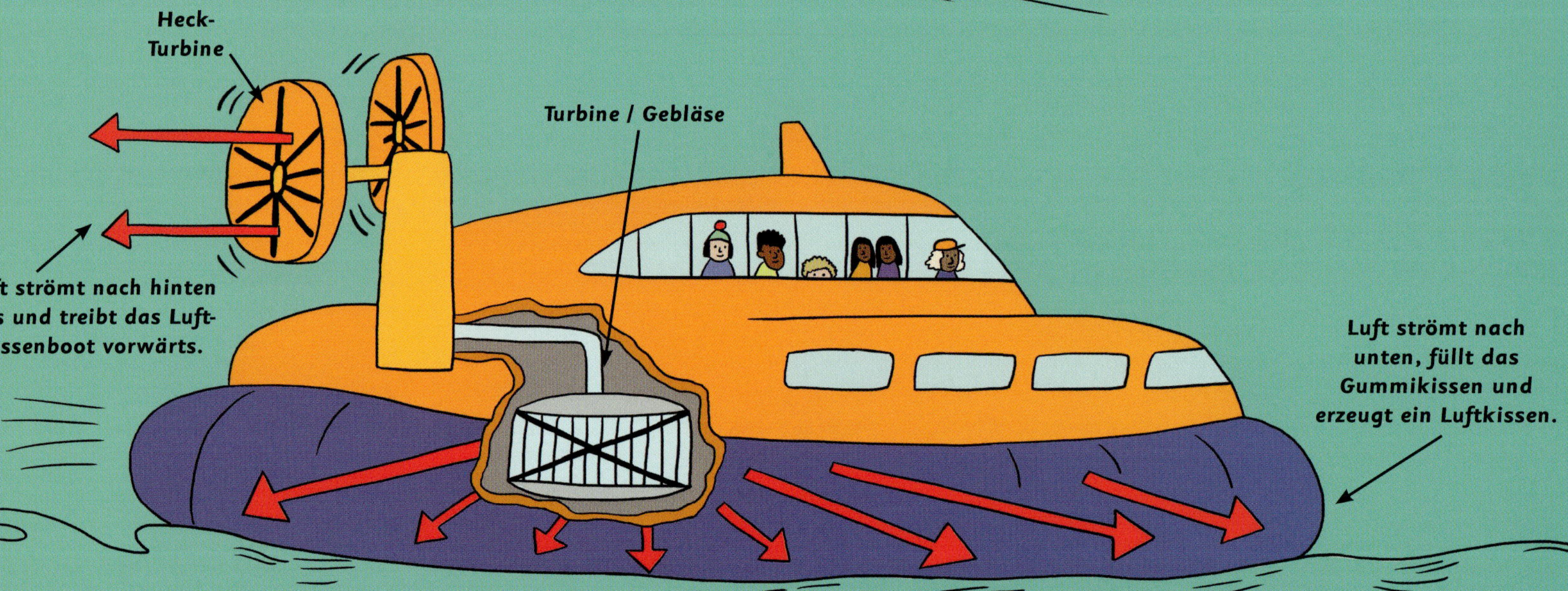

1

Eine große, starke Turbine (Gebläse) drückt Luft im Luftkissenboot nach unten.

2

Unter dem Boot sammelt sich die Luft in einem riesigen Kissen. Dieses Luftkissen drückt das Boot nach oben, weg von der Wasseroberfläche. So wird die Reibung zwischen Luftkissenboot und Wasser verringert und das Boot bewegt sich leichter.

3

Turbinen am Heck stoßen Luft nach hinten aus, sodass das Boot vorwärts getrieben wird, ähnlich wie wenn du einen Luftballon aufbläst und loslässt: Die ausströmende Luft treibt ihn vorwärts und lässt ihn wegfliegen.

REIBUNG

Reibungskraft entsteht, wenn zwei Flächen oder Dinge aneinander reiben. Je stärker die Reibung, desto langsamer und schwerer wird die Bewegung. Glatte Oberflächen wie Eis erzeugen wenig Reibung, sodass du dich leicht darüber bewegen (oder sogar ausrutschen) kannst.

U-Boot

Dinge, die leichter als Wasser sind, schwimmen. Sind sie schwerer als Wasser, sinken sie. Dadurch, dass U-Boote ihr Gewicht verändern, können sie beides.

1

Ein U-Boot hat zwei Hüllen, eine äußere und eine innere. In dem Raum zwischen den Hüllen liegen die Ballasttanks. Die Mannschaft befindet sich warm und trocken innerhalb der inneren Hülle. Ein Propeller am Heck (dem hinteren Ende) des U-Boots treibt es vorwärts.

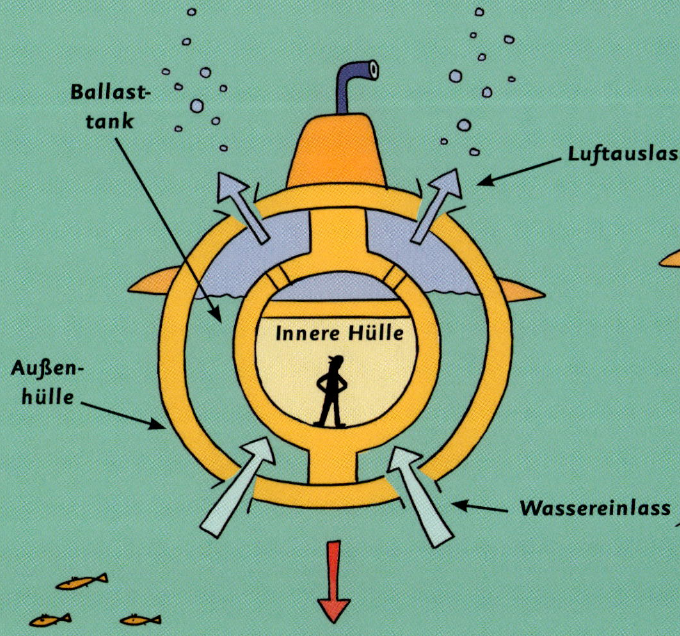

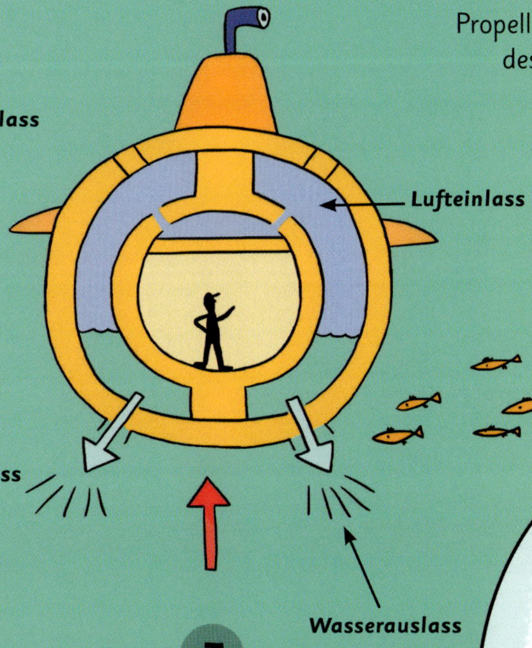

2

Wenn das U-Boot abtauchen soll, lässt die Mannschaft Wasser in die Ballasttanks einströmen und die Luft ausströmen. Je mehr Wasser eindringt, desto schwerer wird das Boot und desto tiefer sinkt es. Die Mannschaft regelt die Tauchtiefe durch die Wassermenge in den Tanks.

3

Soll das U-Boot wieder auftauchen, lässt die Mannschaft Luft in die Ballasttanks einströmen, die das Wasser wieder hinauspresst. So wird das U-Boot leichter und steigt auf.

LEBEN IM U-BOOT

Sauerstoff wird ins U-Boot gepumpt, damit die Besatzung atmen kann.

Außerdem gibt es spezielle Geräte, die Salzwasser in Trinkwasser verwandeln, damit die Menschen immer genug zu trinken haben.

ROTIERENDE MASCHINEN

Fossile Brennstoffe (Kohle, Erdöl und Erdgas) sind sehr umweltschädlich und werden eines Tages zur Neige gehen. Wissenschaftler und Ingenieure entwickeln daher Maschinen, die Strom aus Energiequellen erzeugen, die niemals versiegen werden, wie Wind und Wellen. Genau hier kommen Windräder und Gezeitenkraftwerke ins Spiel.

Windräder

Diese riesigen Maschinen erzeugen Strom aus Windkraft. Sie wird sicherlich nie versiegen! Zudem verursachen Windräder wenig Verschmutzung und Umweltschäden. Sieh dir an, wie diese Maschinen funktionieren, die unseren Planeten retten können ...

Gezeitenkraftwerk

Diese Turbinen sehen aus wie Windräder unter Wasser, aber sie werden nicht durch Wind, sondern durch die Kraft der Gezeiten angetrieben.

Gezeitenkraftwerke sind fest im Meeresboden verankert. Die natürliche Bewegung des Wassers im Wechsel von Ebbe und Flut (Gezeiten) dreht die Rotoren, die auf diese Weise Strom erzeugen.

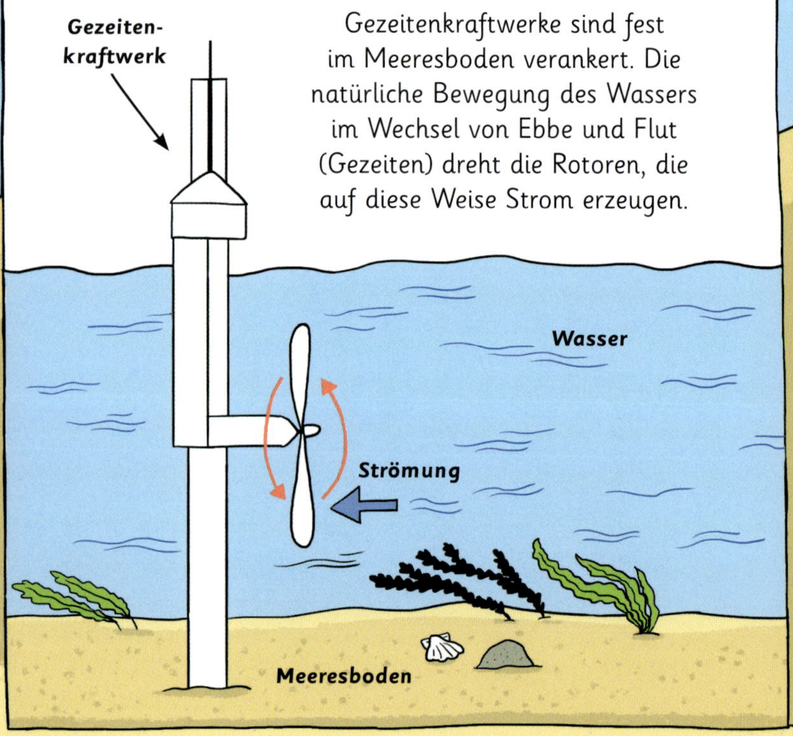

Windkraftanlagen werden oft auf weiten Ebenen oder im Meer gebaut. Hier wird der Wind nicht durch Hügel oder Gebäude gebremst. Daher weht er dort meist stärker und die Anlagen können mehr Strom erzeugen.

Viele Windräder sind mehr als 90 m hoch. Das kommt daher, dass der Wind in größerer Höhe stärker ist. In 37 m Höhe weht der Wind zum Beispiel schon doppelt so schnell wie am Boden. Je schneller der Wind weht, desto stärker drehen sich die Rotoren und desto mehr Strom wird erzeugt.

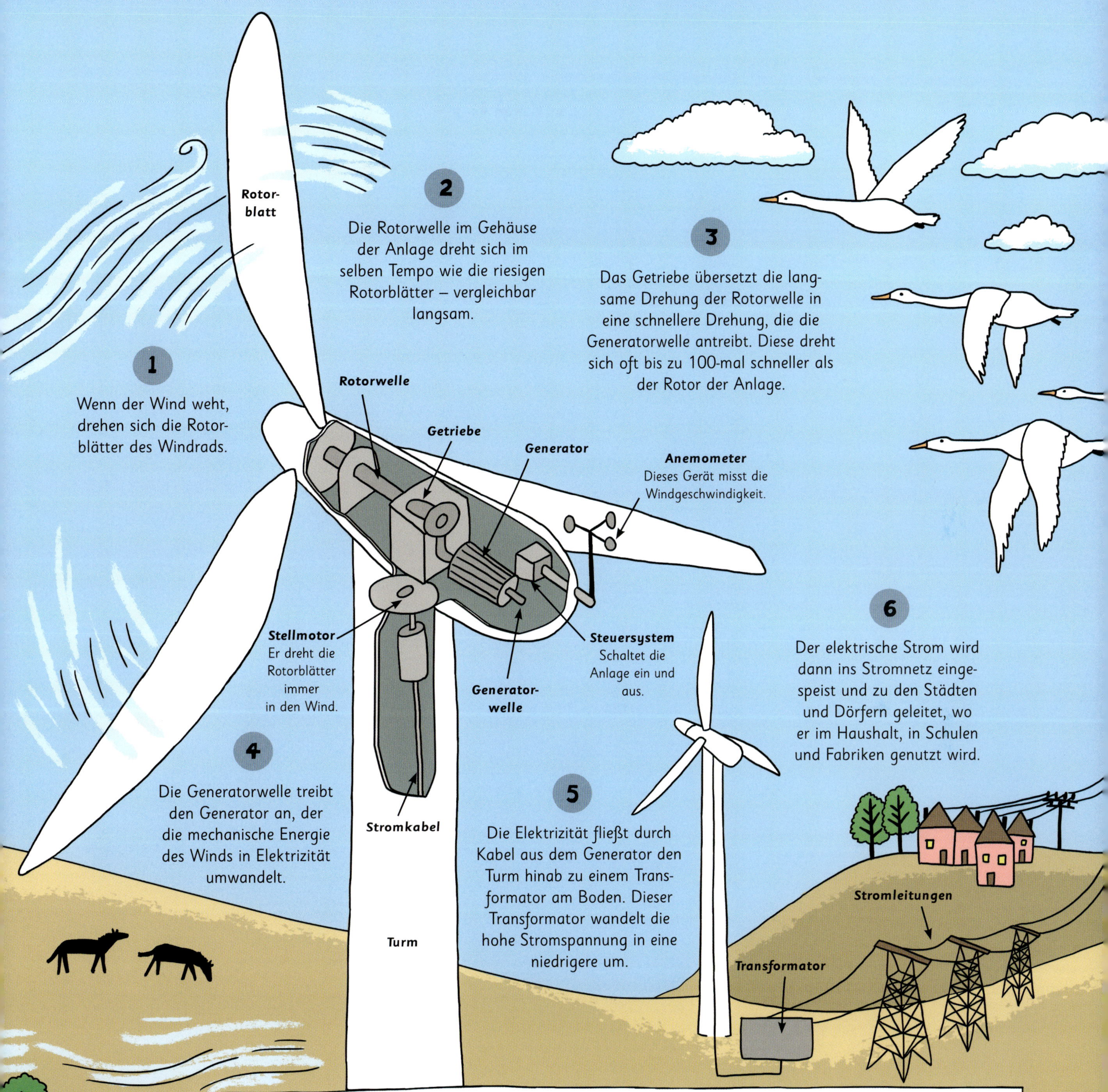

1

Wenn der Wind weht, drehen sich die Rotorblätter des Windrads.

2

Die Rotorwelle im Gehäuse der Anlage dreht sich im selben Tempo wie die riesigen Rotorblätter – vergleichbar langsam.

3

Das Getriebe übersetzt die langsame Drehung der Rotorwelle in eine schnellere Drehung, die die Generatorwelle antreibt. Diese dreht sich oft bis zu 100-mal schneller als der Rotor der Anlage.

4

Die Generatorwelle treibt den Generator an, der die mechanische Energie des Winds in Elektrizität umwandelt.

5

Die Elektrizität fließt durch Kabel aus dem Generator den Turm hinab zu einem Transformator am Boden. Dieser Transformator wandelt die hohe Stromspannung in eine niedrigere um.

6

Der elektrische Strom wird dann ins Stromnetz eingespeist und zu den Städten und Dörfern geleitet, wo er im Haushalt, in Schulen und Fabriken genutzt wird.

WIE ENTSTEHT ELEKTRISCHER STROM AUS WIND?

Der englische Naturforscher Michael Faraday entdeckte 1831, dass Elektrizität entsteht, wenn man einen Magneten um eine Spule aus Metalldraht dreht. Die Bewegung lässt elektrischen Strom durch den Draht fließen. In einer Windkraftanlage dreht die Welle im Generator eine Spule aus Kupferdraht innerhalb von Magneten. So wird die mechanische Energie des Winds in Elektrizität umgewandelt.

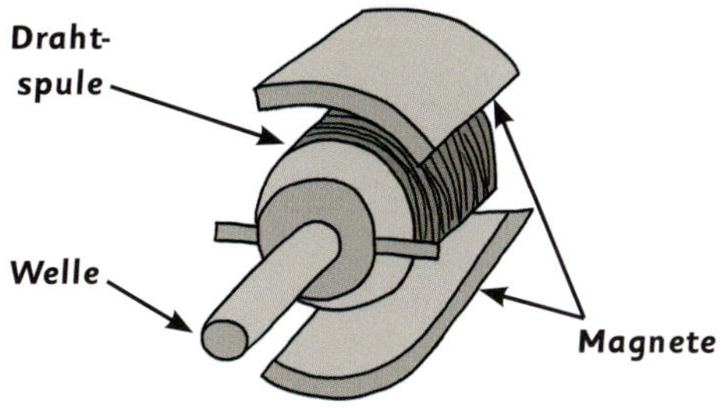

MESSEN UND WIEGEN

Wir nutzen täglich Geräte, mit denen wir Dinge messen: Wir prüfen die Temperatur, damit wir wissen, ob wir uns warm anziehen müssen, oder wir wiegen die Zutaten für einen leckeren Kuchen ab. Weißt du, wie diese nützlichen Geräte funktionieren?

Flüssigkeits-thermometer

Diese einfachen Thermometer gibt es schon seit mehr als 300 Jahren.

1

Wenn du morgens wissen willst, wie kalt es draußen ist, liest du vom Thermometer die Temperatur ab. Dieses Thermometer ist ein Glasröhrchen, in dem sich eine Flüssigkeit befindet. Meist handelt es sich um das flüssige Metall Quecksilber.

2

Quecksilber dehnt sich in der Wärme aus. Das heißt, dass die Flüssigkeit im Röhrchen steigt, wenn es wärmer wird. An der Skala am Thermometer kannst du die Temperatur ablesen.

3

In der Kälte zieht sich Quecksilber zusammen. Das heißt, dass die Flüssigkeit im Röhrchen sinkt, wenn es kälter wird. Hmm, heute ist vielleicht nicht der richtige Tag für ein Grillfest!

DANIEL GABRIEL FAHRENHEIT (1686–1736) UND ANDERS CELSIUS (1701–1744)

Daniel Gabriel Fahrenheit war ein deutscher Physiker, der 1714 das erste Quecksilberthermometer erfand. Zehn Jahre später stellte er seine Temperaturskala vor, die heute noch in den USA gilt. Sie heißt nach ihrem Erfinder: Fahrenheit-Skala. Der Gefrierpunkt des Wassers liegt auf der Fahrenheit-Skala bei 32 °F und der Siedepunkt bei 212 °F.

Doch das ist nicht die einzige Temperaturskala, die es gibt. Etwa 20 Jahre nach Fahrenheit erdachte der schwedische Astronom Anders Celsius 1742 eine weitere. Auf dieser Celsius-Skala gefriert Wasser bei 0 °C und es siedet bei 100 °C. Heute verwenden die meisten Länder der Welt die Celsius-Skala.

Waage

Dieses einfache Gerät zum Wiegen von Dingen gibt es bereits seit der Zeit der alten Ägypter.

1

Wenn du wissen willst, wie schwer drei Äpfel sind, dann lege sie in die Schale auf der einen Seite der Waage.

2

In die Schale auf der anderen Seite legst du Gewichte. Füge so lange neue Gewichte hinzu oder nimm welche weg, bis die beiden Waagschalen im Gleichgewicht sind.

3

Wenn du am Ende die einzelnen Gewichte addierst, dann weißt du, wie viel die Äpfel wiegen. Kinderleicht!

Digitales Thermometer

Wenn du krank bist, verwendest du wahrscheinlich ein solches Thermometer.

1

Ein digitales Thermometer funktioniert auf der Grundlage von Strom und dessen Leitung durch Metall: Je wärmer ein Metall wird, desto schlechter leitet es elektrischen Strom. Wenn du also die Metallspitze des Thermometers unter die Zunge steckst, erwärmt sich das Metall und der Stromfluss verändert sich.

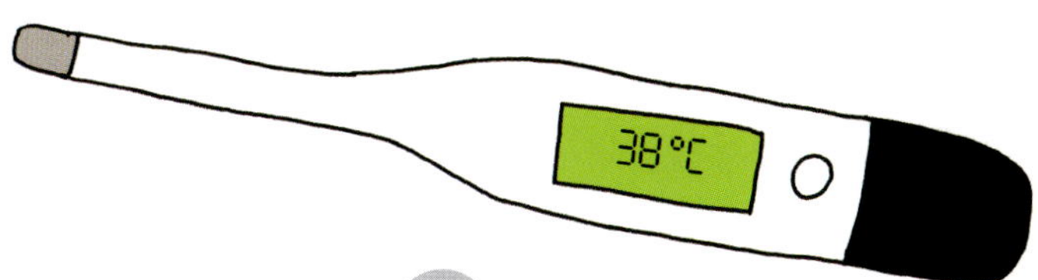

2

Ein Mikrochip (Mini-Computer) zeichnet auf, wie viel elektrischer Strom durch das Metall fließt, und rechnet ihn in eine Temperaturanzeige um. Tja, heute hast du tatsächlich Fieber. Bleib im Bett und werde wieder gesund!

MEHR DURCHBLICK

Wir sehen die Welt um uns herum mit unseren Augen – alles in unserer Nähe und auch alles, was weiter weg ist. Aber wir können nicht in feste Gegenstände hineinblicken oder die Dinge sehen, die noch viel kleiner sind als eine Nadelspitze. Dafür gibt es Röntgengeräte und Mikroskope.

Röntgenapparat

Röntgenstrahlen sind wie Lichtstrahlen, nur unsichtbar. Stell dir vor, deine Freundin Sara ist mit dem Fahrrad gestürzt und ihr Arm tut weh. Sie kann im Krankenhaus geröntgt werden, damit die Ärzte sehen, ob die Knochen im Arm gebrochen sind.

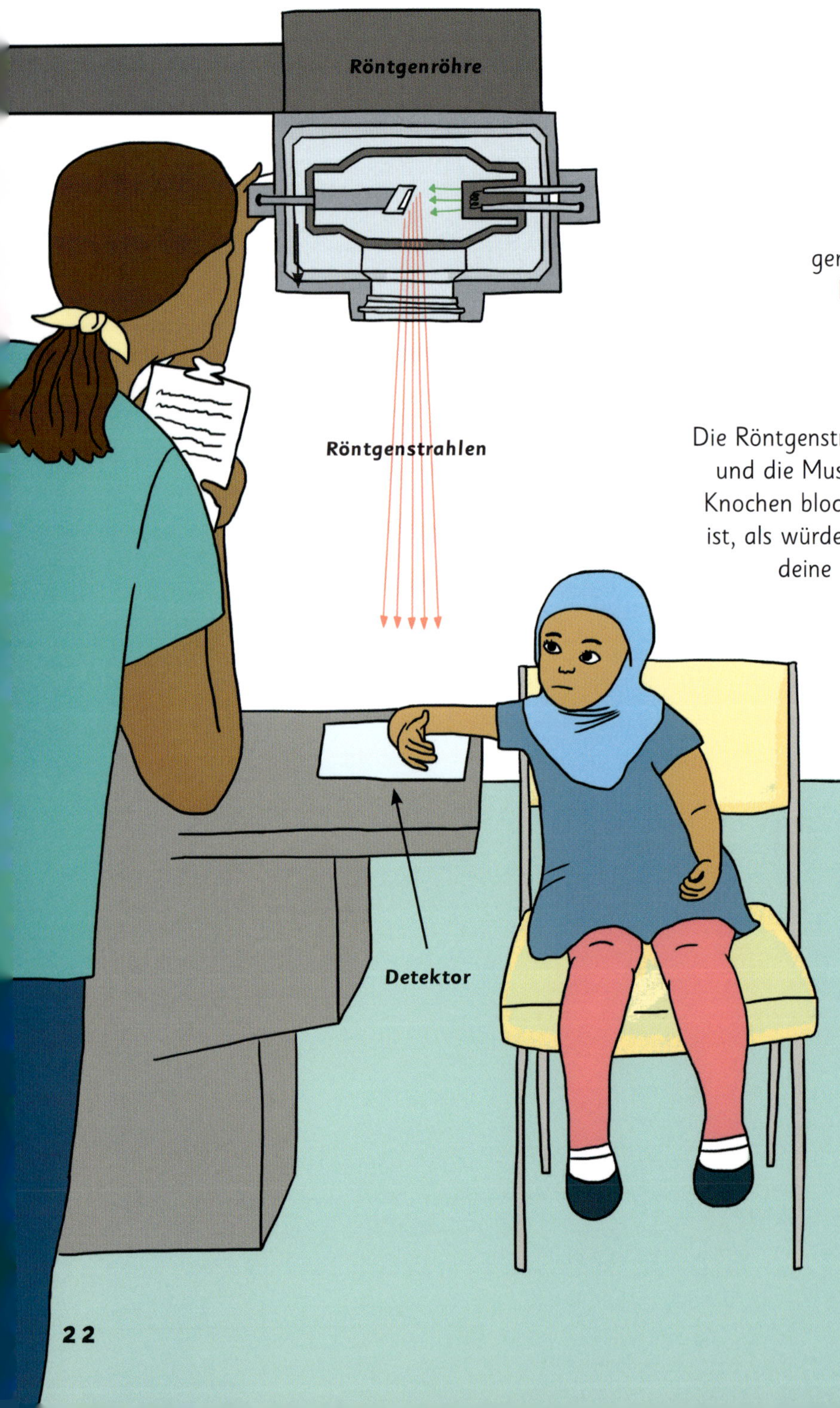

1

Der Röntgenapparat ist auf Saras Arm gerichtet. Die Schwester drückt einen Knopf und Röntgenstrahlen dringen aus dem Apparat.

2

Die Röntgenstrahlen durchdringen die weichen Teile des Arms – die Haut und die Muskeln –, aber sie dringen nicht durch die harten Knochen. Knochen blockieren die Strahlen, sodass sie als Schatten erscheinen. Es ist, als würdest du vor einer weißen Wand mit einer Taschenlampe auf deine Hand leuchten: Auch sie wirft dort einen Schatten.

3

Auf der Unterseite des Arms erzeugt der Detektor ein Bild.

4

Der Detektor ist mit einem Computer verbunden. Die weichen Teile erscheinen auf dem Bildschirm schwarz oder grau, die harten Knochen dagegen weiß. So sieht der Arzt, dass Saras Knochen tatsächlich gebrochen ist. Arme Sara!

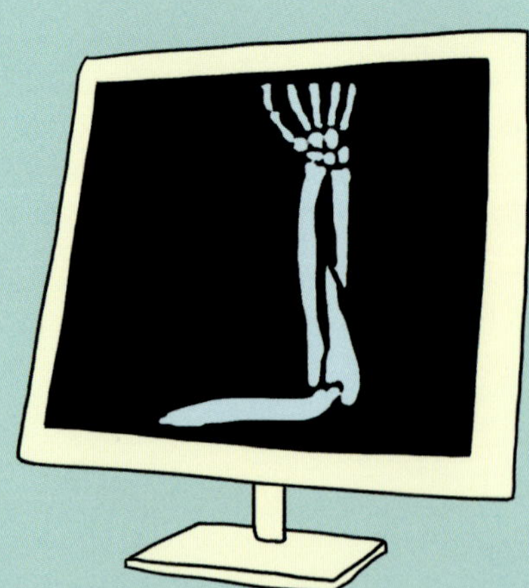

Mikroskop

Hast du schon einmal ein Mikroskop benutzt? Damit kannst du winzige Gegenstände, Insekten und sogar deine Haut untersuchen. Wissenschaftler betrachten unter dem Mikroskop Zellen, entwickeln Arzneimittel, bauen elektronische Schaltkreise und vieles mehr. Sehen wir uns mal ein Mikroskop genauer an!

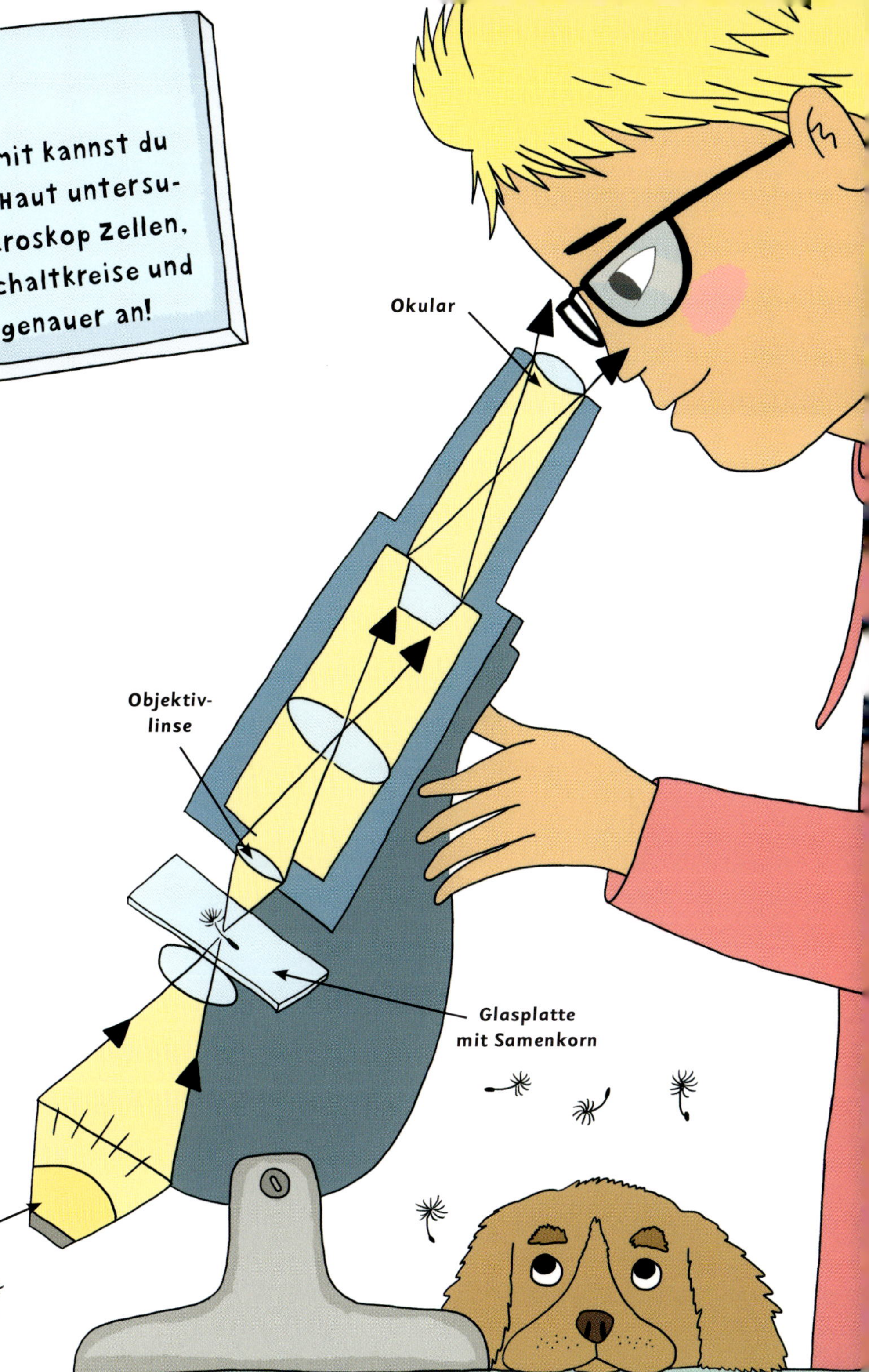

1. Die Probe – in diesem Fall der Pusteblumensamen – wird auf eine Glasplatte gelegt. Darunter wird eine Lampe eingeschaltet.

2. Der Betrachter blickt durch das Okular am oberen Ende des Mikroskops.

3. Das Licht von unterhalb der Glasplatte dringt durch die Objektivlinse. Diese gebogene Linse aus Glas vergrößert das Bild der Probe.

4. Die Lichtstrahlen wandern die Röhre hinauf bis zum Okular. Dort dringen sie durch eine zweite Linse, die das Bild noch stärker vergrößert, sodass der Betrachter den Samen in allen Einzelheiten untersuchen kann.

WIE WIRD DAS BILD VERGRÖSSERT?

Wenn Lichtwellen durch eine gebogene Linse dringen, werden sie an den Kanten der Linse stärker gebeugt als in der Mitte. Das Abbild des Gegenstands erscheint größer als in Wirklichkeit.

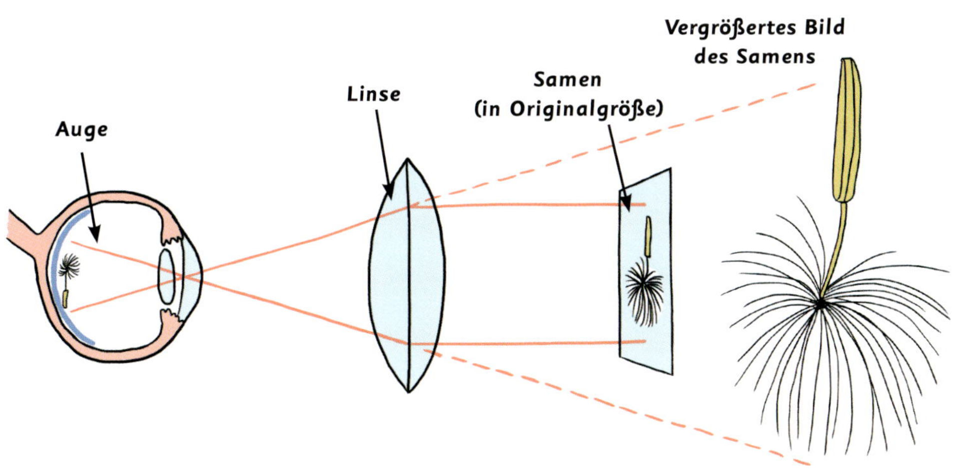

SCHALL IN WELLEN

Mikrofone und Handys ermöglichen es, zu hören, was jemand sagt oder singt, auch wenn derjenige weit weg ist. Sie verwandeln Schallwellen in elektrische Signale, die verstärkt oder über weite Entfernungen geleitet werden können.

Mikrofon und Lautsprecher

Sänger benutzen Mikrofon und Lautsprecher, damit das Publikum sie laut und deutlich hört. Doch wie funktionieren diese beiden Geräte?

1

Heute ist Karaoke-Abend und dein Papa geht mit dir auf die Bühne. Beim Singen bringt die Stimme die Luft zum Schwingen. Das erzeugt Schallwellen.

2

Die Schallwellen treten ins Mikrofon ein und treffen dort auf eine Membran (dünne bewegliche Schicht), die mit der Bewegung der Schallwellen vibriert, also schnell zu schwingen beginnt.

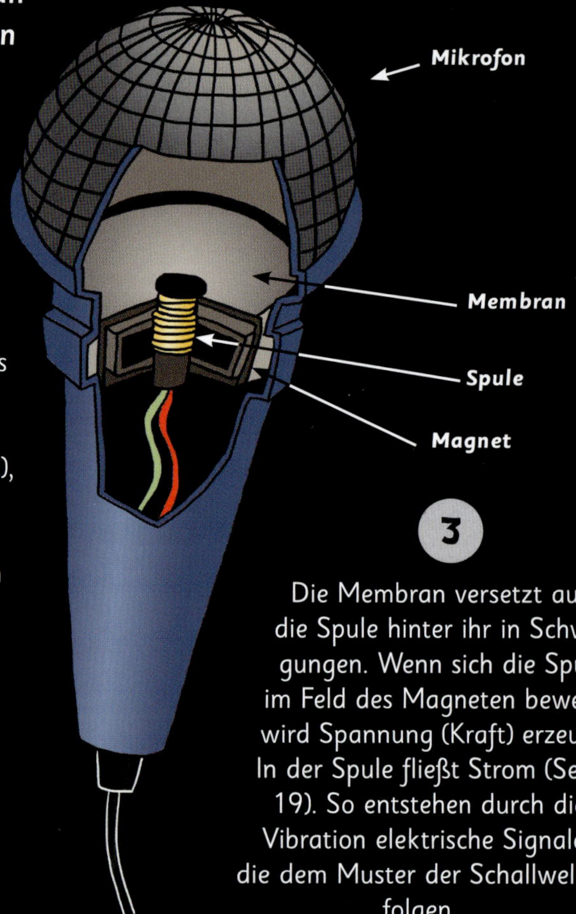

3

Die Membran versetzt auch die Spule hinter ihr in Schwingungen. Wenn sich die Spule im Feld des Magneten bewegt, wird Spannung (Kraft) erzeugt. In der Spule fließt Strom (Seite 19). So entstehen durch die Vibration elektrische Signale, die dem Muster der Schallwellen folgen.

4

Die elektrischen Signale werden vom Mikrofon zum Verstärker geleitet. Dieser erhöht die Spannung, sodass die Signale stärker werden.

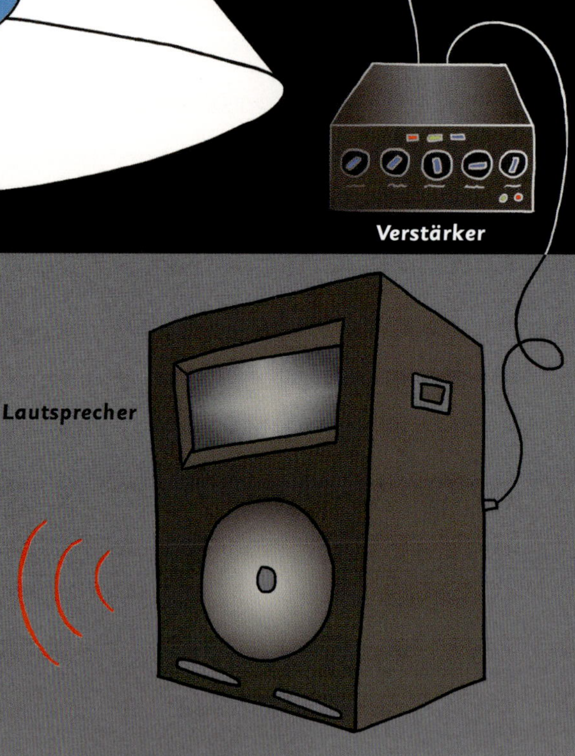

5

Kabel leiten die elektrischen Signale in den Lautsprecher, der sie wieder in Schallwellen verwandelt und in Richtung der Zuhörer aussendet – aber viel lauter!

Mobiltelefon

Mit dem Handy kannst du mit deinen Freunden, deiner Cousine in einem anderen Teil des Landes oder sogar mit deinem Opa auf der anderen Seite der Welt sprechen. Doch wie gelangt deine Stimme bis in deren Telefon – und das noch dazu so schnell?

1

Angenommen, du telefonierst mit deiner Cousine in einer anderen Stadt. Die Schallwellen, die du erzeugst, treten ins Mikrofon ein, das ihr Muster in ein entsprechendes elektrisches Signal verwandelt.

2

Ein Mikrochip (Mini-Computer) im Handy verwandelt die Signale in einen digitalen Code – eine Reihe von Zahlen. Die Handy-Antenne schickt den Code in Form von Funkwellen durch die Luft und sie erreichen den nächsten Mobilfunkmast.

3

Der Mast empfängt das Signal und leitet es an die Basisstation weiter.

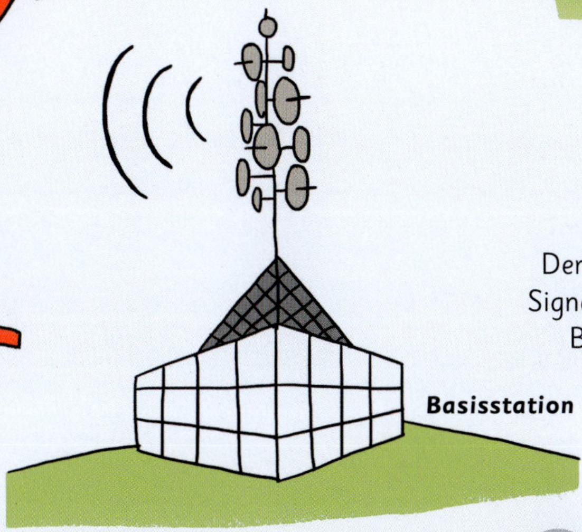

4

Die Basisstation steht in Verbindung mit einem Zentralrechner. Dies ist ein großer Computer, der Basisstationen aus mehreren Gebieten verbindet und eine Vermittlungsfunktion hat. Er ermittelt den schnellsten Weg für deinen Anruf und sendet diese Information zurück zur Basisstation.

5

Da die Basisstation die Funkwellen nicht direkt bis zu der weit entfernten Stadt schicken kann, werden sie über eine Reihe von Funkzellen weitergeleitet (das sind kleinere Gebiete mit mindestens einem Mast und einer Basisstation), bis sie den Mast in der Nähe deiner Cousine erreichen.

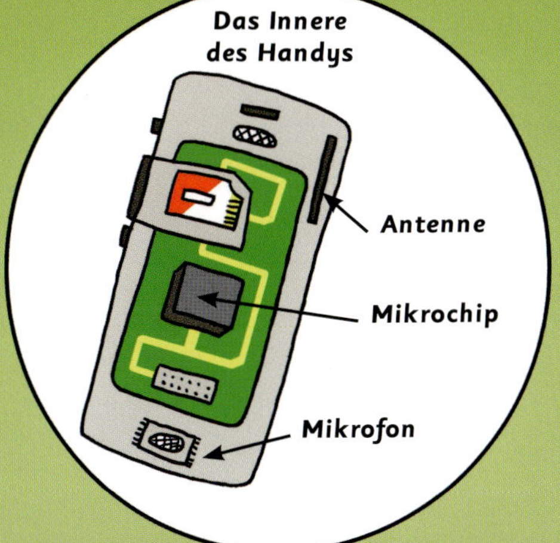

6

Die Funkwellen erreichen das Handy deiner Cousine. Der Lautsprecher darin funktioniert wie ein umgekehrtes Mikrofon. Er wandelt das digitale Signal wieder in Schall um und deine Cousine versteht deine Worte!

AUF SCHIENEN

Im Auto kann der Fahrer seinen Weg frei wählen. Lokführer hingegen müssen den Gleisen folgen. Die Energie zum Fahren der Züge stammt aus verschiedenen Quellen. Früher fuhren sie mithilfe von Dampfkraft, heute fast immer mit elektrischem Strom.

Dampflokomotive

Die ersten Dampflokomotiven waren um etwa 1800 unterwegs. Sie veränderten die Art und Weise, wie Menschen und Material transportiert wurden. Die Züge erreichten eine Geschwindigkeit von bis zu 100 km/h – so schnell waren Menschen zuvor noch nie vorwärtsgekommen. All diese Loks wurden mit Dampf angetrieben!

1

Pfft, pfft! Eine Dampflokomotive ist wie ein riesiger Wasserkessel auf Rädern. Kohle oder manchmal auch Holz wird ins Feuer geschaufelt, damit es nicht ausgeht. Die Flammen erhitzen den riesigen Wassertank.

2

Der Dampf des siedenden Wassers drückt auf einen Kolben in einem Zylinder.

3

Der Kolben ist mit einer Kurbelwelle verbunden, die die Räder dreht. Volldampf voraus!

Elektroantrieb

Elektrische Züge werden natürlich mit Elektrizität angetrieben! Sie erhalten elektrischen Strom entweder über eine Oberleitung oder über eine dritte Schiene, die zwischen den Gleisen für die Räder verläuft. Der elektrische Strom treibt die Motoren an, die die Räder bewegen. Sieh es dir ruhig genauer an.

Stromabnehmer
Hochgeschwindigkeitszüge beziehen die Elektrizität über eine Oberleitung und den am Dach befestigten Stromabnehmer. Der Hochspannungsstrom aus der Leitung fließt durch einen Transformator, der die Spannung so umwandelt, dass sie für die Motoren geeignet ist.

Waggon
Züge haben oft viele Waggons, aber nur der erste hat ein Triebwerk oder Motoren. Dieser erste Waggon zieht alle anderen mit sich.

Räder
Die Räder sind so geformt, dass der Zug nicht aus den Gleisen springen kann.

Fahrgestell
Das Fahrgestell hat eine Reihe von Federn, die sogenannte Aufhängung. Sie sorgt dafür, dass die Passagiere während der Fahrt nicht so stark durchgerüttelt werden!

IN DER SPUR BLEIBEN

Züge folgen auf ihrer Fahrt den Gleisen. Die Räder rollen auf Stahlschienen, die an Holzblöcken – den sogenannten Schwellen – befestigt sind. Die Schienen müssen exakt gleich weit auseinander liegen wie die Räder der Züge. Diesen Abstand nennt man Spurweite. Wenn ein Zug auf ein anderes Gleis umgeleitet werden muss, wird eine Weiche benutzt.

MASCHINEN OHNE TREIBSTOFF

Du bist sicherlich schon öfter Rad gefahren und hast dir dabei den Wind um die Nase wehen lassen. Und wahrscheinlich hast du auch schon einmal eine Schubkarre gesehen. Aber weißt du, wie beides funktioniert? Im Gegensatz zu den meisten beweglichen Maschinen brauchen sie keinen Treibstoff, sondern nur deine Muskelkraft!

Fahrrad

Willst du in deiner Umgebung leicht, schnell und billig von Ort zu Ort kommen? Mit dem Rad bist du viel schneller als zu Fuß und Fahrräder brauchen kein Benzin: Deine Muskeln liefern die nötige Energie! Sehen wir uns an, wie sie funktionieren ...

1. Beim Radfahren drehen deine Füße die Pedale in kleinen Kreisen. Dadurch wird die Kette über eins der Zahnräder in der Kurbelgarnitur gedreht. Meist gibt es ein größeres und ein kleineres Zahnrad. Je größer ein Zahnrad ist, desto mehr Zähne hat es.

2. Die Kette vebindet die vorderen Zahnräder mit einem zweiten Zahnradpaket (der Kassette) am Hinterrad. Sie dreht sich um je eins der Zahnräder in Kurbelgarnitur und Kassette.

3. Wenn das vordere Kettenblatt durch die Pedale gedreht wird, zieht es die Kette mit. Sie bringt das hintere Zahnrad zum Drehen, das Hinterrad wird in Bewegung gesetzt. Das Vorderrad wird lediglich durch das Rollen des Hinterrads angeschoben.

Schubkarre

Eine Schubkarre besteht aus zwei einfachen Dingen: Hebel und Rad mit Achse. Zusammen bewirken sie, dass du schwere Lasten viel leichter heben und umherbewegen kannst.

Das Rad ist gleichzeitig der Drehpunkt der Schubkarre. Die Last (hier ein schlammiges Schwein!) liegt dicht beim Rad, während die Griffe weiter davon entfernt sind. Je größer der Abstand zwischen Last und Griffen, desto leichter lässt sich die Last heben. Das Rad mit der Achse erleichtert dann die Bewegung der Schubkarre von einem Ort zum anderen.

BREMSEN

Fahrradbremsen sind superwichtig – ohne sie kannst du nicht anhalten. Wenn du den Griffhebel drückst, zieht er das Bremsseil hoch und die Bremsklötze werden gegen das drehende Rad gepresst. So wird das Rad langsamer und kommt ganz zum Stehen.

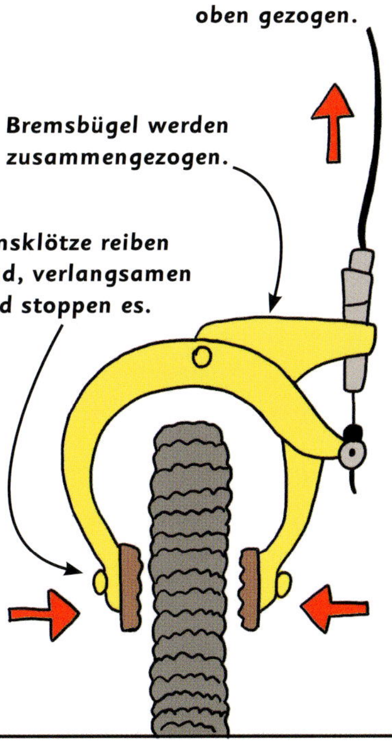

ZAHNRÄDER

Wenn dein Fahrrad viele Zahnräder hat, hat es viele Gänge. Die Gänge erleichtern oder erschweren das Treten, sodass du langsamer oder schneller wirst und auch steile Berge hochfahren kannst. Zum Schalten benutzt du den Schalthebel am Lenker. Er versetzt die Kette auf die unterschiedlichen Zahnräder.

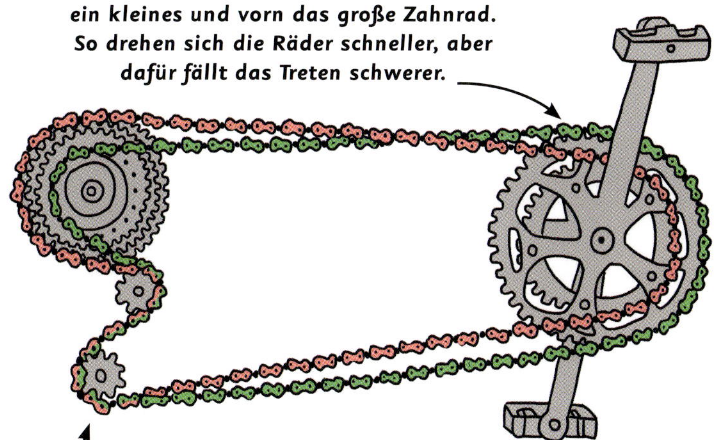

AM SCHREIBTISCH

Du denkst vielleicht: „Tacker und Scheren sind doch keine Maschinen! Warum sind sie dann in diesem Buch?“ Nun, sie sind eben doch Maschinen – und sogar ganz schön clevere!

Tacker

Der allererste Tacker wurde um 1700 für einen französischen König hergestellt. Heute verwenden wir ihn zu Hause, in der Schule und im Büro. Weißt du, wie er funktioniert?

1

Du willst eine Papierkrone basteln und musst dazu ihre beiden Enden zusammenheften. Also legst du die Papierenden ein Stück übereinander und beide in die Öffnung des Tackers.

2

Wenn du den Handgriff stark nach unten drückst, schiebt der sogenannte Hammer die vorderste Heftklammer nach unten, sodass ihre Spitzen die zwei Papierenden durchstechen.

3

Der untere Teil des Tackers ist besonders clever aufgebaut. Er hat zwei Rillen, in die die Spitzen der Heftklammer eintauchen, während du sie nach unten drückst. Durch die Kraft werden sie nach innen gebogen, sodass die Papierenden sauber zusammengeklammert werden. Hurra! Du kannst die Krone aufsetzen.

DAS INNERE DES TACKERS

Sieh dir diese Teile an, die beim Zerlegen eines Tackers zum Vorschein kommen würden. Jedes noch so winzige Teil erfüllt einen wichtigen Zweck.

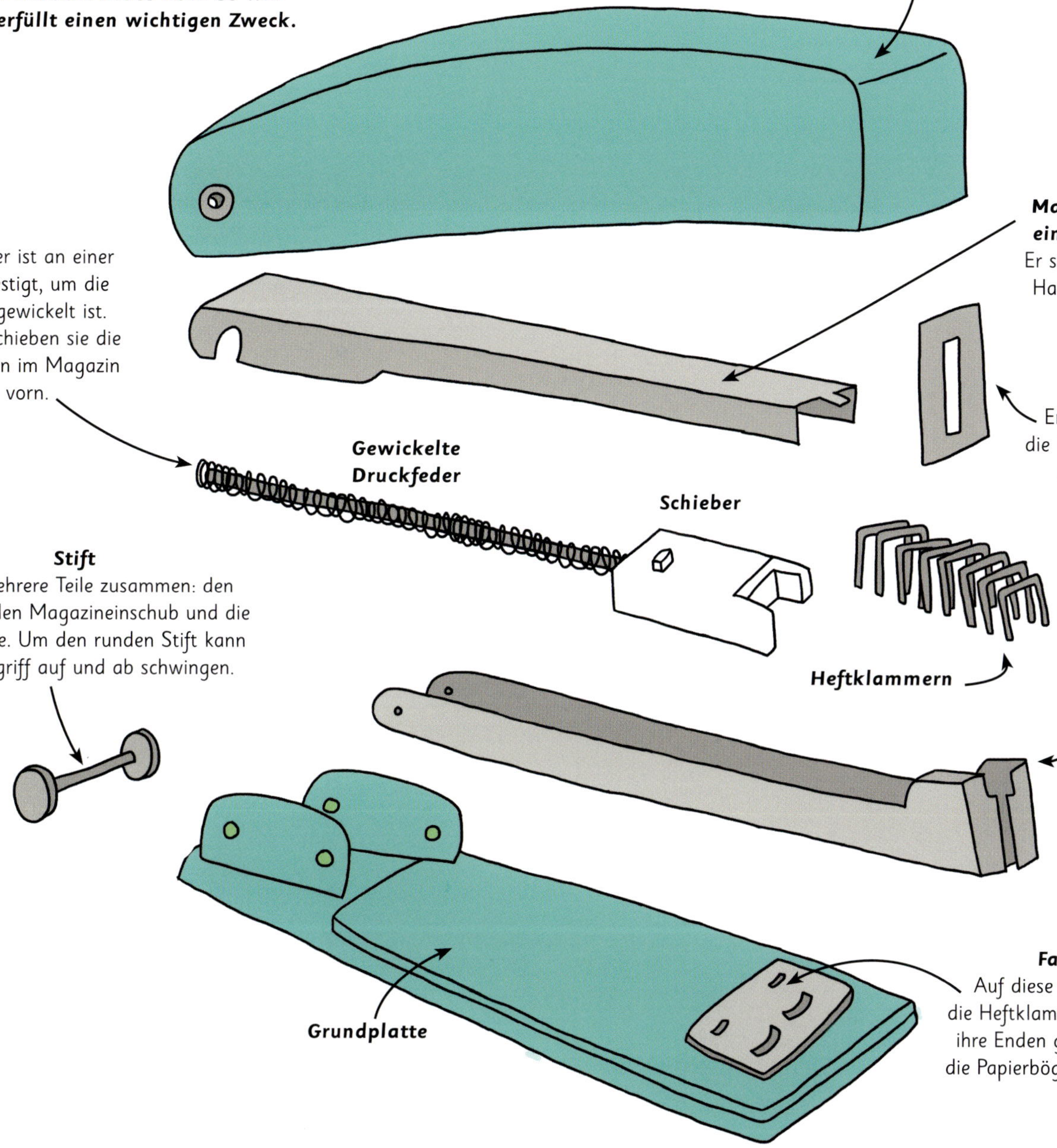

Schere

Hast du dich je gefragt, wieso Scheren so exakt und gerade schneiden?

Eine Schere vereint zwei Geräte in sich: Die Griffe sind Hebel und die Schneiden bilden eine Keilform. Die Griffe laufen im Drehpunkt zusammen. Wenn du sie zusammendrückst, bewegst du die Hebel und erzeugst so auf der anderen Seite eine starke Schneidekraft. Die Schneiden sind zwei Keile, die über Kreuz verbunden sind und sich um den Drehpunkt drehen. Sie kreuzen sich so eng, dass sie einen klaren Schnitt durch dünnes Material machen können.

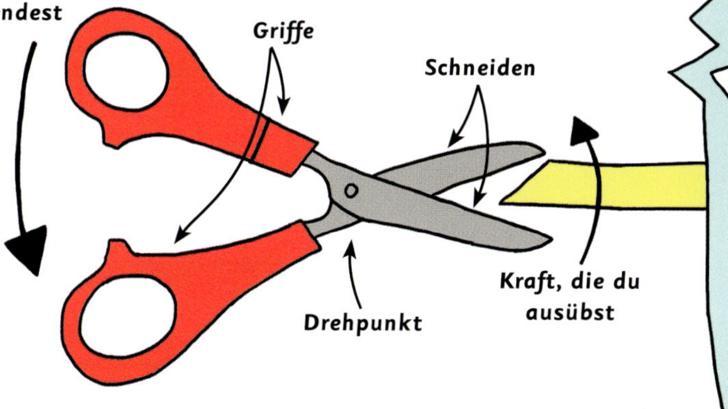

KÜHLGERÄTE

Kühlschränke halten Lebensmittel kühl und frisch. Wenn du in einem warmen Land lebst oder Urlaub machst, gibt es in deiner Wohnung vielleicht auch eine Klimaanlage, damit DU kühl und frisch bleibst. Aber wie funktionieren diese Geräte? Lies weiter und finde es heraus.

Kühlschrank

Hast du schon mal vergessen, die Milch in den Kühlschrank zu stellen? Nach einem Tag war sie vermutlich sauer. Da sich Bakterien, die Lebensmittel verderben, in der Kälte nicht so schnell vermehren, bleibt Essen im Kühlschrank länger frisch. Aber wie bleibt es dort kühl?

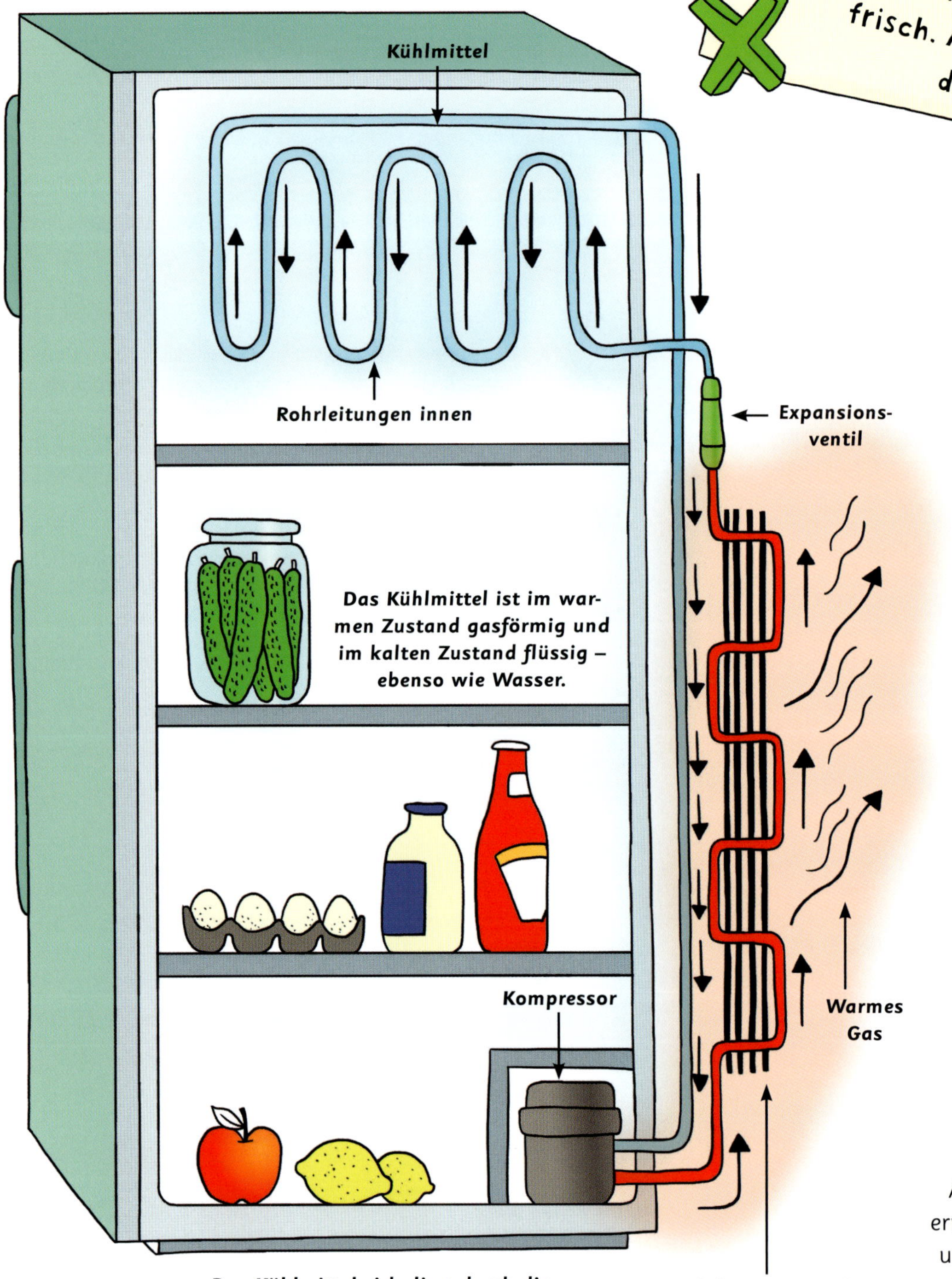

Das Kühlmittel zirkuliert durch die Rohrleitungen. Im Kühlschrank nimmt es Wärme auf und bringt sie nach draußen, wo es sie abgibt.

1

Kühlschränke haben einen Kompressor, der das sogenannte Kühlmittel auf sehr kleinen Raum verdichtet. Dadurch wird es erwärmt und ist gasförmig.

2

Das warme Gas strömt durch Rohrleitungen an der Außenseite des Kühlschranks. Dabei wird es durch die Luft in der Umgebung abgekühlt und daher flüssig.

3

Die Flüssigkeit fließt durch ein Expansionsventil, das ist eine Öffnung, hinter der sich die Flüssigkeit ausbreiten kann. Dadurch kühlt sie ab.

4

Die kühle Flüssigkeit fließt weiter durch gewundene Röhren im Inneren des Kühlschranks. Dabei nimmt sie die Wärme im Kühlschrank auf, sodass sich die Luft dort abkühlt.

5

Auf dem Weg durch die Röhren erwärmt sich die Flüssigkeit wieder und wird gasförmig. Dann strömt sie erneut durch den Kompressor und der Kreislauf beginnt von vorn.

Klimaanlage

Eine Klimaanlage ist eine Maschine, die deine Wohnung in einen riesigen Kühlschrank verwandelt. Sie nimmt die Wärme in den Räumen auf und führt sie nach draußen ab. Daher besteht sie auch aus zwei Teilen: einem im Haus und einem draußen.

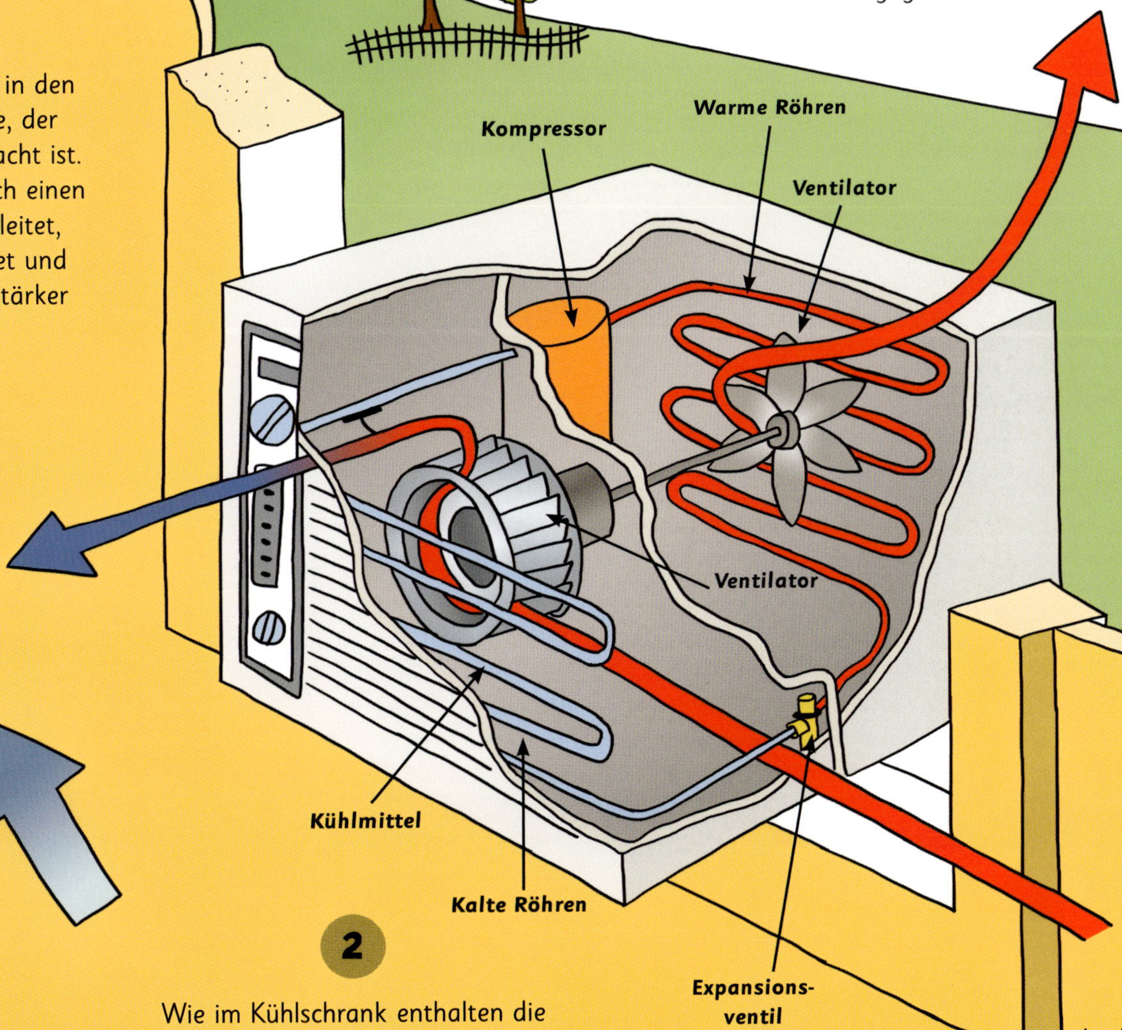

1

In der Wohnung strömt warme Luft aus dem Zimmer in die Anlage. Ein Ventilator bläst die Luft über eine Reihe kalter Röhren und dann, wenn sie abgekühlt ist, wieder ins Zimmer.

2

Wie im Kühlschrank enthalten die kalten Röhren flüssiges Kühlmittel. Wenn die warme Luft aus dem Zimmer über sie streicht, erwärmt sie das Kühlmittel und es nimmt einen gasförmigen Zustand an.

3

Das Gas strömt in den Teil der Anlage, der draußen angebracht ist. Hier wird es durch einen Kompressor geleitet, der es verdichtet und dadurch noch stärker erwärmt.

4

Nun strömt das warme Gas durch eine Reihe weiterer Röhren und gibt dabei die Wärme an die Außenluft ab. Ein zweiter Ventilator bläst auf die Röhren, sodass noch mehr Wärme nach außen abgegeben wird.

5

Das Gas kühlt ab und wird wieder flüssig. Die Flüssigkeit fließt durch ein Expansionsventil (eine Öffnung, hinter der sie sich ausbreiten kann, sodass sie stärker abkühlt). Dann strömt sie wieder in die kalten Röhren und der Kreislauf beginnt von vorn.

HEIZEN UND KOCHEN

Es ist ein wunderbares Gefühl, wenn es zu Hause schön warm und gemütlich ist und du eine warme Mahlzeit bekommst. Aber hast du je überlegt, wie deine Wohnung so warm bleibt und wie dein Essen erwärmt wird?

Heizung

Die meisten Heizungen funktionieren, indem sie die Luft im Zimmer mithilfe von heißem Wasser erwärmen. Die Heizkörper bestehen aus Metall, weil die meisten Metalle sehr gute Wärmeleiter sind. Ein Heizkörper pro Zimmer ist meist schon genug.

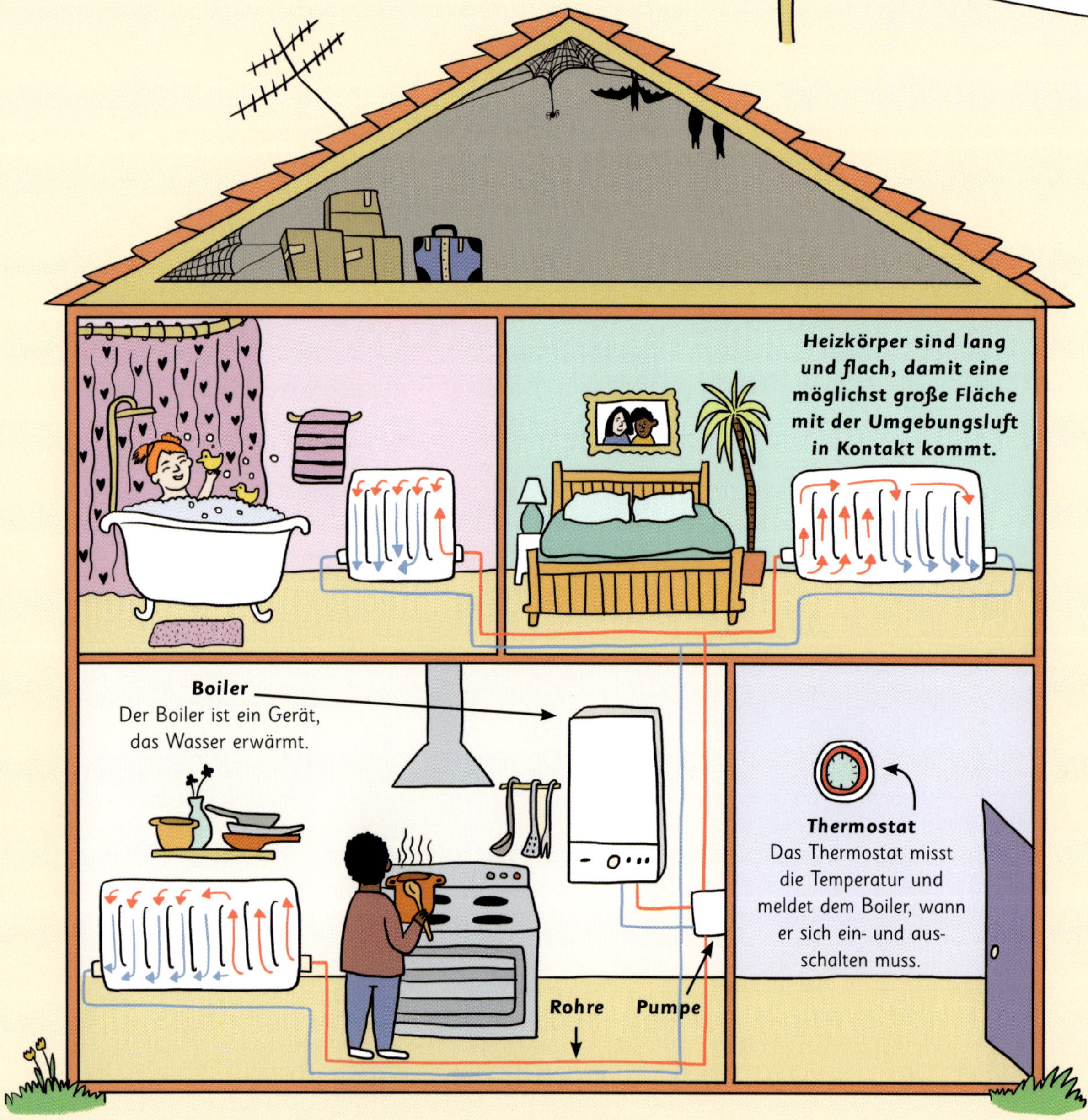

1

Das Wasser wird in einem Boiler erhitzt und durch Rohre in alle Heizkörper gepumpt.

2

Jeder Heizkörper hat ein Rohr, durch das Wasser einströmt, und ein anderes, aus dem auf der anderen Seite Wasser ausströmt. Heißes Wasser fließt hindurch und erwärmt die Metalloberfläche.

3

Der Heizkörper erwärmt die Luft in seiner Umgebung. Da die warme Luft aufsteigt, fließt am Boden ständig kühlere Luft zum Heizkörper hin.

4

Auf dem Weg durch die Heizkörper kühlt das Wasser ab. Dann fließt es zurück in den Boiler, wo es wieder erwärmt wird.

Mikrowelle

Die Sonne sendet Energiewellen zur Erde und erwärmt unsere Umgebung auf natürliche Weise. Wir nennen das Strahlung. Ein Mikrowellenherd arbeitet auch mit Strahlung. Er sendet Energiewellen in die leckeren Speisen, die darin erwärmt werden.

1

Stelle das Essen auf die Platte im Inneren des Geräts und schließe die Tür. Schalte die Zeitschaltuhr ein und drücke auf Start. Das Magnetron verwandelt daraufhin Strom in Energiewellen und feuert diese Wellen auf ein rotierendes Gebläse ab.

2

Die Wellen werden überall im Inneren der Mikrowelle verteilt und dabei von den dortigen Metallflächen immer wieder zurückgeworfen.

3

Die Platte, auf der das Essen steht, dreht sich gleichmäßig, damit die Wellen alle Teile gleichermaßen erreichen.

4

Die Wellen sorgen dafür, dass sich alle Teilchen im Essen bewegen und sich so aneinander reiben. Durch diese Bewegung und Reibung entsteht Wärme. Ping! Das Essen ist schon warm!

PERCY SPENCER (1894–1970)

Etwa um 1940, während des Zweiten Weltkriegs, arbeitete der US-amerikanische Ingenieur Percy Spencer an Radarsystemen, die mit Funkwellen Schiffe und Flugzeuge orten konnten. Als er dabei eines Tages neben einem Magnetron stand, spürte er, dass die Schokolade in seiner Hosentasche schmolz. Er erkannte, dass die Wellen des Magnetrons Essen erhitzen konnten. Nach dieser zufälligen Entdeckung erfand Spencer den Mikrowellenherd.

Wenn du die Hände schnell aneinanderreibst, spürst du, wie sie warm werden. Genau das geschieht im Mikrowellenherd mit den Wassermolekülen in deinem Essen.

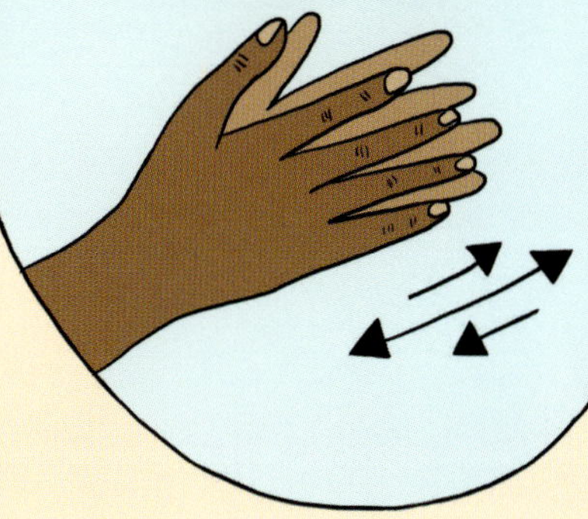

SPIEL UND SPASS

Hast du dich je gefragt, wie einige deiner Lieblingsspielzeuge überhaupt funktionieren? Hier erfährst du mehr über die Technik dahinter.

Fern-steuerung

Zum Geburtstag bekommst du ein ferngesteuertes Auto geschenkt! Es macht großen Spaß, damit zu spielen, aber wie genau funktioniert das eigentlich?

1

Dein Auto hat einen Controller mit einem Hebel, mit dem du es nach links und rechts lenken kannst, und einem für vorwärts und rückwärts. Außerdem hat der Controller eine Antenne. Wenn du einen Hebel bewegst, werden zwei Drähte im Controller zusammengeführt.

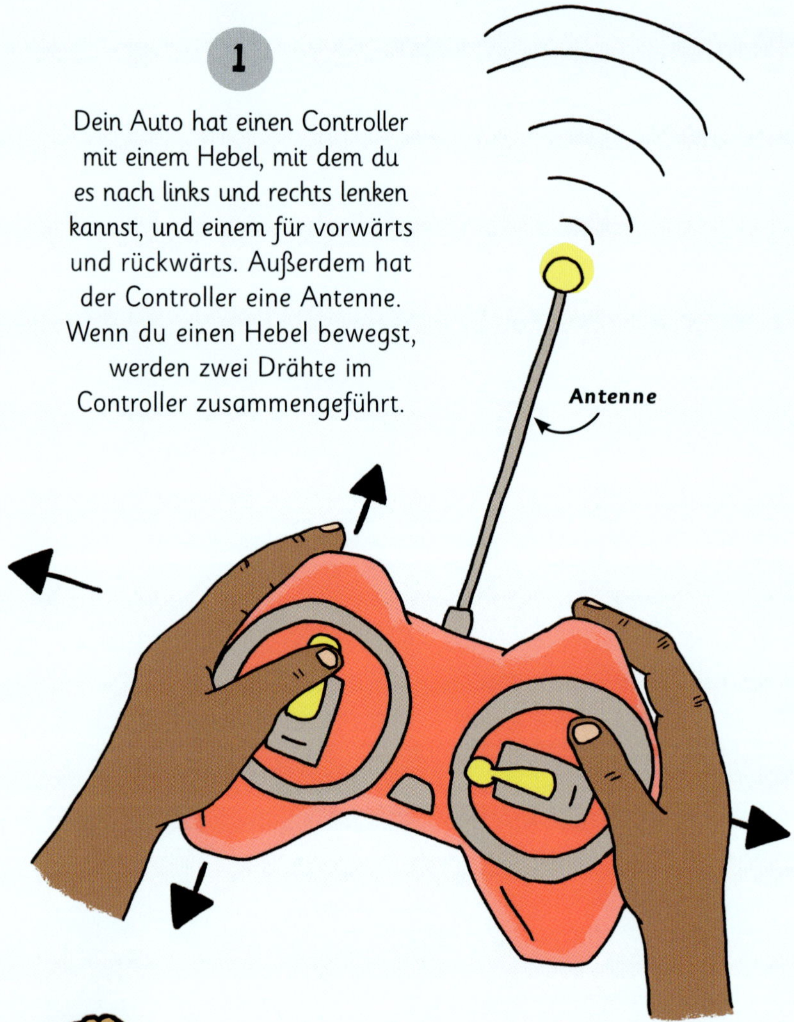

2

So schließt sich ein Stromkreis, der ein elektrisches Signal erzeugt. Ein Sender im Controller nimmt das Signal auf und wandelt es in Funkwellen um. Die Antenne sendet mehrere Tausend Mal pro Sekunde Funkwellen an das Auto. Diese Funkwellen übertragen Informationen, beispielsweise in welche Richtung das Auto fahren soll.

3

Die Antenne am Auto empfängt die Radiowellen und leitet sie weiter an eine Leiterplatte im Inneren des Autos.

Pogo-Stick

Dieser Hüpfstab nutzt die gespeicherte Energie einer Feder.

1

Ein Pogo-Stick arbeitet mit einem Federmechanismus. Wenn du darauf steigst, presst dein Gewicht die Feder zusammen. Sie nimmt die Energie dieser Bewegung auf und speichert sie. Das bedeutet, dass sie jetzt voll Energie steckt, die nur darauf wartet, wieder freigesetzt zu werden.

2

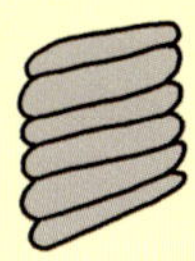

Sobald du dich aufwärts bewegst, kann sich die Feder ausdehnen. Dabei gibt sie die Energie ab und du wirst nach oben geschoben. Yippiehhh!

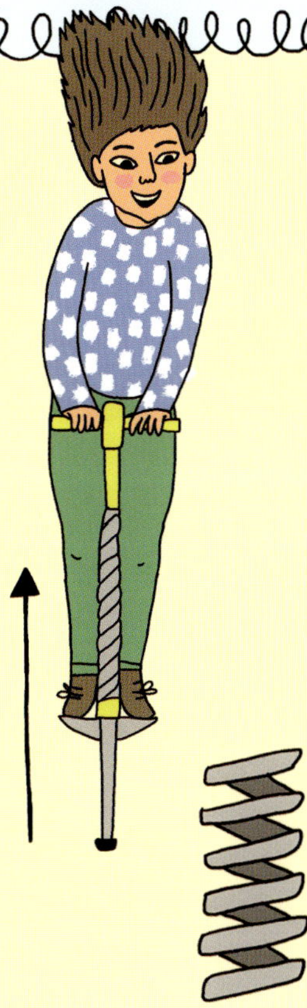

4

Ein Mikrochip (winziger Computer) auf der Leiterplatte erkennt das Muster der Funkwellen und übersetzt den Befehl. Dann sendet der Mikrochip Strom aus der Batterie im Auto an den richtigen Motor. Meist gibt es zwei Motoren: Einer bewegt die Vorderräder nach links oder rechts, der andere dreht die Hinterräder vorwärts oder rückwärts. So kannst du deinen Teddy herumkutschieren!

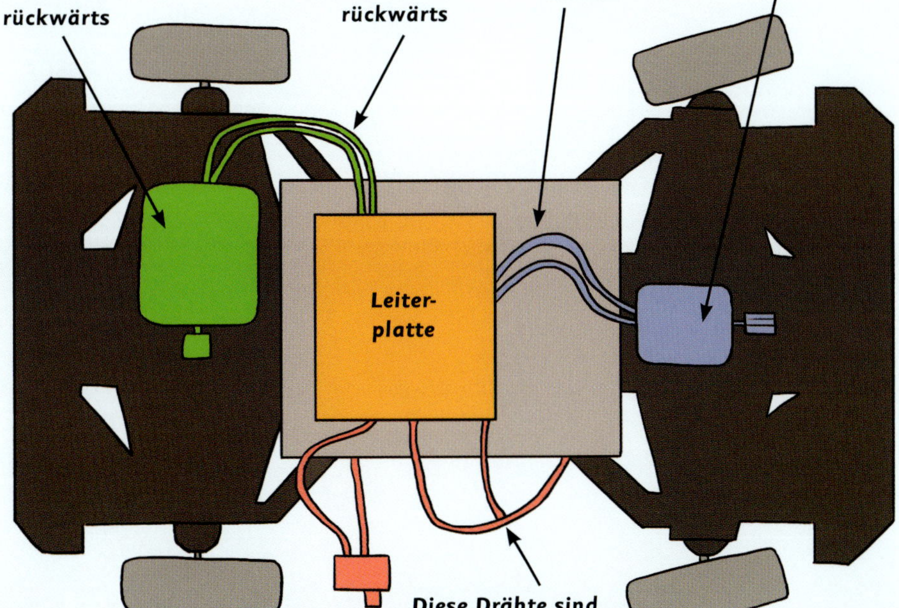

SO FUNKTIONIEREN BATTERIEN

Eine Batterie hat einen positiven Pol, der mit einem ‚+' gekennzeichnet ist, und einen negativen Pol mit einem ‚–'. Am negativen Pol sammeln sich winzige Teilchen, die Elektronen. Sie wollen zum positiven Pol gelangen, der Weg im Inneren der Batterie ist aber versperrt. Wenn du einen Stromkreis herstellst, indem du die Pole mit einem Draht verbindest, fließen die Elektronen durch den Draht. So entsteht elektrischer Strom, der Motoren und andere elektrische Geräte antreibt.

GERÄTE ZU DEINER SICHERHEIT

Geräte, die unsere Umgebung sicherer machen, sind besonders wichtig. Ein Alarm warnt uns vor Gefahr und mit Schloss und Schlüssel sind wir zu Hause sicher. Aber wie funktionieren diese alltäglichen Retter?

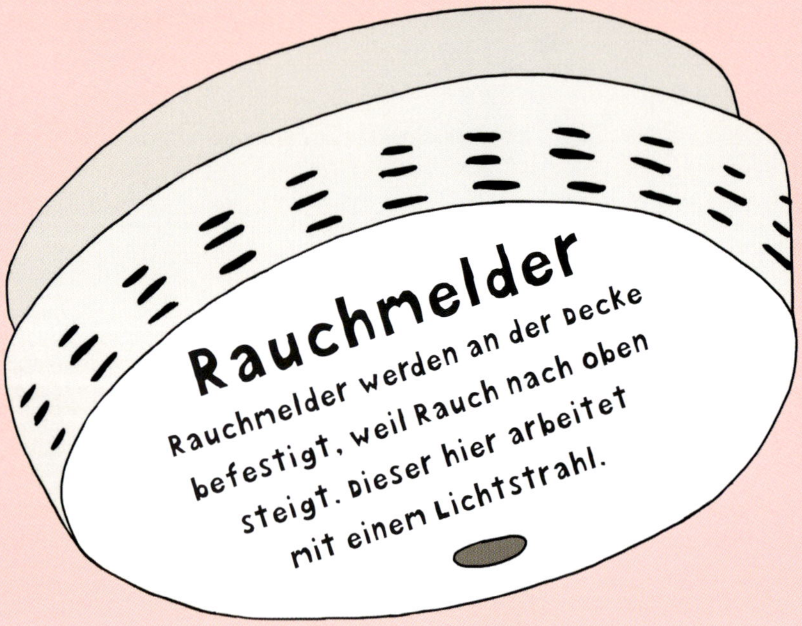

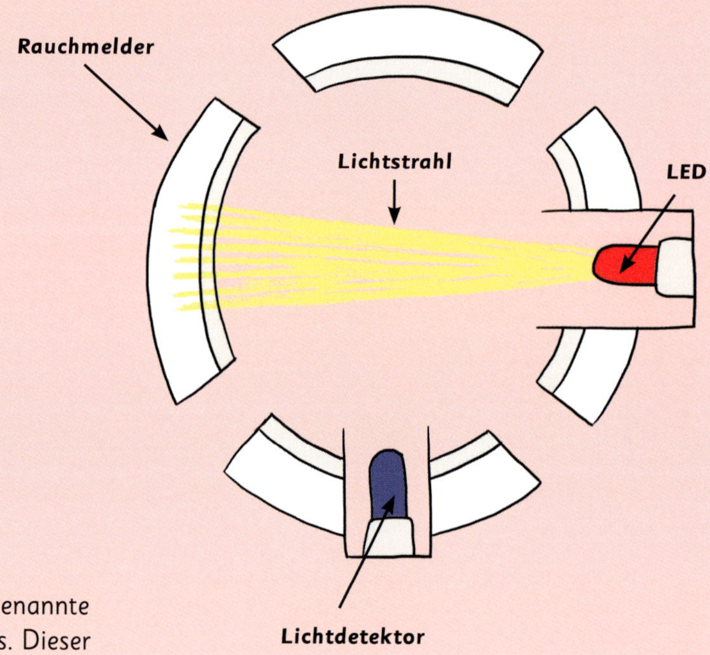

1

Im Inneren des Rauchmelders sendet eine Art Mini-Glühbirne, eine sogenannte LED (Licht emittierende Diode), alle 10 Sekunden einen Lichtstrahl aus. Dieser verläuft schnurgerade und fällt nicht auf den Lichtdetektor.

2

Falls aber Rauch im Zimmer ist, beispielsweise wenn Essen auf dem Herd verbrennt, steigt dieser auf und tritt durch die seitlichen Öffnungen in den Rauchmelder ein.

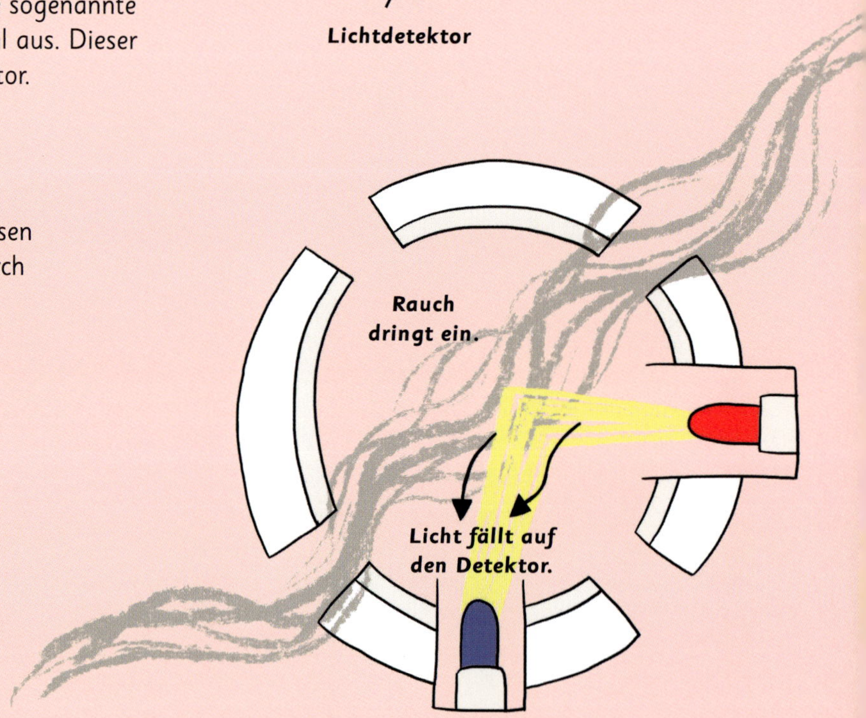

3

Wenn Rauch eindringt, wird das Licht gestreut und ein Teil des Lichtstrahls fällt auf den Detektor, einen Lichtempfänger.

4

Der Lichtdetektor sendet ein Signal an einen elektrischen Stromkreis. Der Strom beginnt zu fließen und löst ein Alarmsignal aus.

Türschloss

Mit dem richtigen Schlüssel kannst du ein Schloss öffnen, mit dem falschen rührt sich nichts! Am häufigsten werden Schließzylinder verwendet, vor allem bei Haustüren oder Vorhängeschlössern. Hier musst du zum Öffnen nur den Zylinder drehen – aber das ist leichter gesagt als getan! Sehen wir es uns mal an.

1

Im Inneren des Zylinders gibt es zwei Sätze von Stiften unterschiedlicher Länge. Die roten Stifte liegen über den blauen. Federn drücken die roten Stifte nach unten und halten sie fest, sodass sich der Zylinder nicht drehen kann.

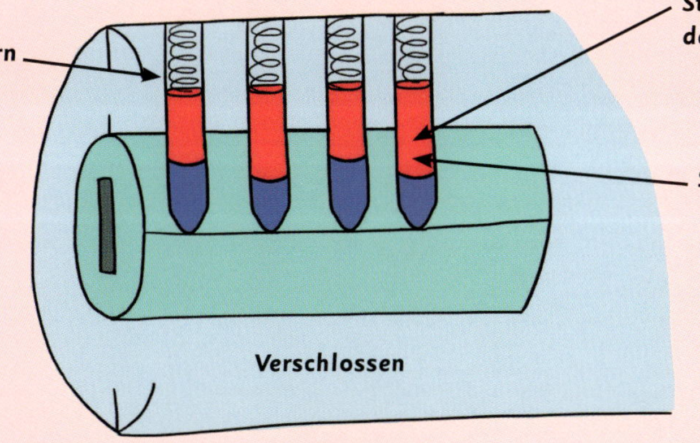

2

Der Zylinder lässt sich mit einem passenden Schlüssel drehen. Der richtige Schlüssel hat Zacken, die genau so lang sind, dass sie die roten Stifte so weit nach oben schieben, dass sie nicht mehr im Zylinder sitzen.

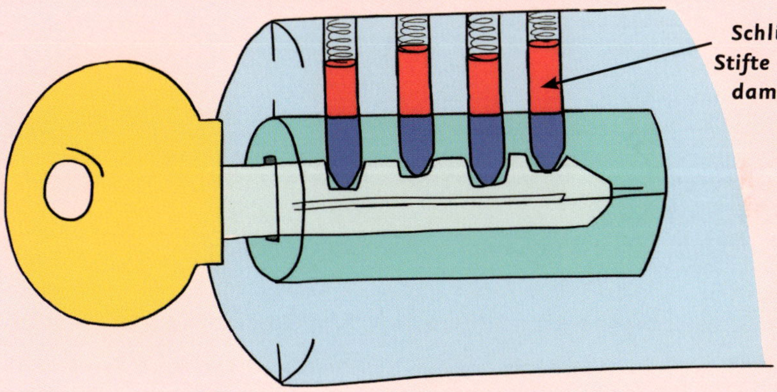

Menschen benutzen Schlösser seit sehr langer Zeit. Die alten Ägypter stellten sie schon vor rund 6000 Jahren her!

3

Nun blockiert keiner der Stifte mehr die Drehung des Zylinders. Der Schlüssel kann den Zylinder drehen und der Riegel lässt sich aus der Tür ziehen. Die Tür öffnet sich.

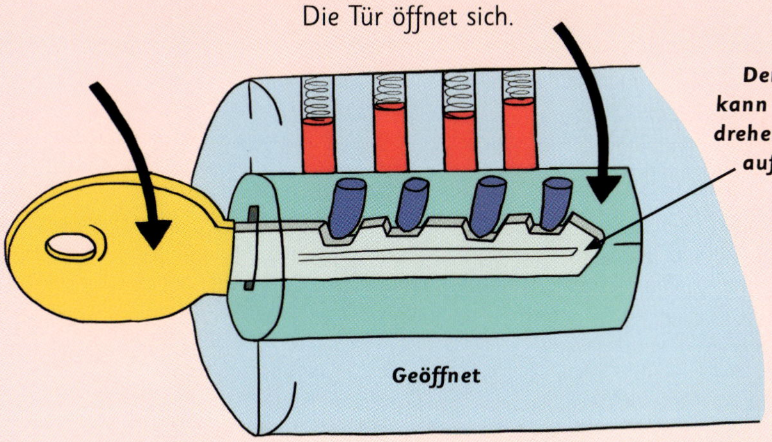

IN GROSSER HÖHE

Wenn du auf einer Baustelle nach oben schaust, siehst du lauter verschieden große Kräne. Einige reichen hoch in den Himmel und helfen beim Bau von Wolkenkratzern. Aber auch kleinere Kräne sind meist höher als die Häuser selbst und können schwere Lasten heben. Hier siehst du, wie das geht!

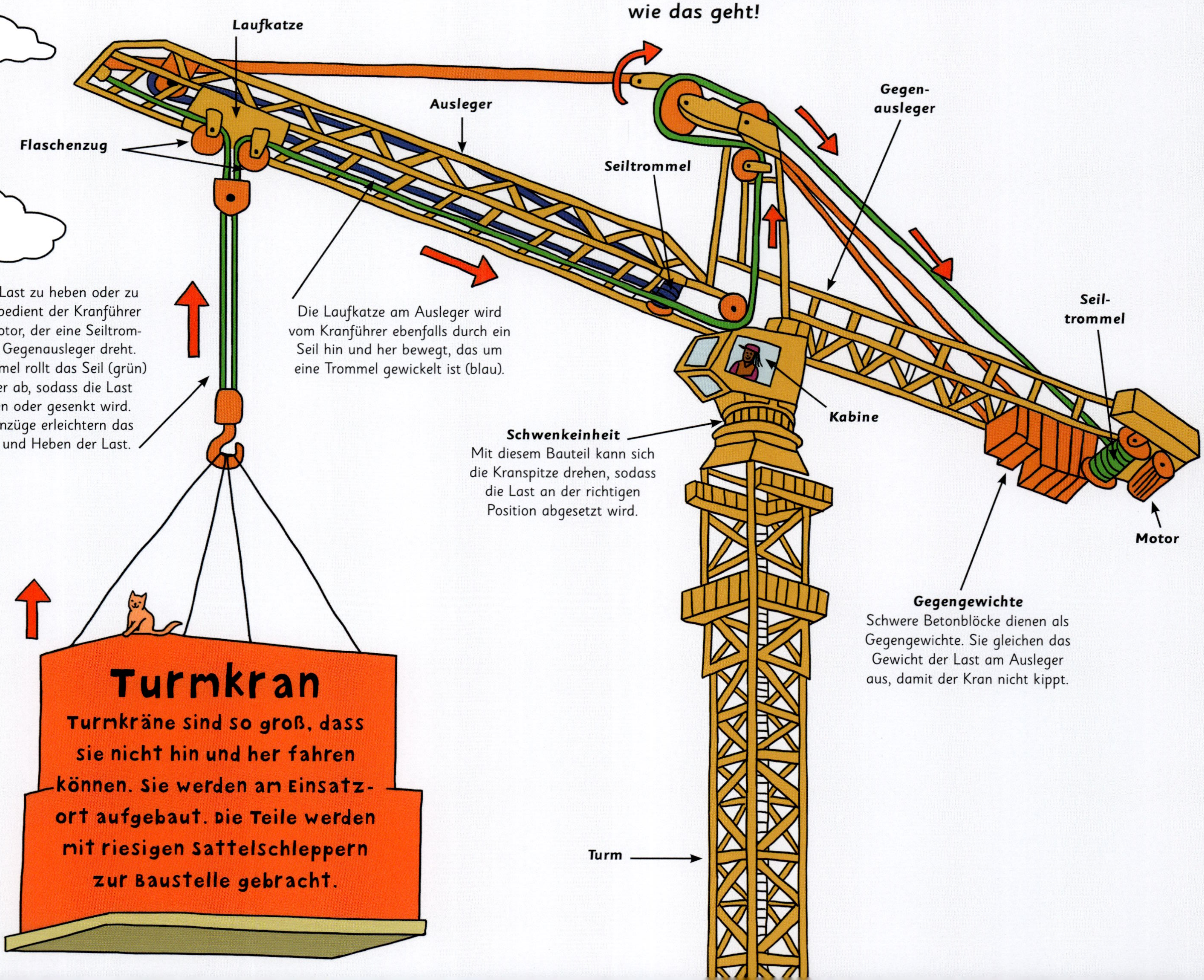

Um die Last zu heben oder zu senken, bedient der Kranführer einen Motor, der eine Seiltrommel am Gegenausleger dreht. Die Trommel rollt das Seil (grün) auf oder ab, sodass die Last gehoben oder gesenkt wird. Flaschenzüge erleichtern das Tragen und Heben der Last.

Die Laufkatze am Ausleger wird vom Kranführer ebenfalls durch ein Seil hin und her bewegt, das um eine Trommel gewickelt ist (blau).

Schwenkeinheit
Mit diesem Bauteil kann sich die Kranspitze drehen, sodass die Last an der richtigen Position abgesetzt wird.

Gegengewichte
Schwere Betonblöcke dienen als Gegengewichte. Sie gleichen das Gewicht der Last am Ausleger aus, damit der Kran nicht kippt.

Turmkran

Turmkräne sind so groß, dass sie nicht hin und her fahren können. Sie werden am Einsatzort aufgebaut. Die Teile werden mit riesigen Sattelschleppern zur Baustelle gebracht.

Fahrzeugkran

Diese Kräne sind für kleinere Arbeiten gut geeignet. Ausleger (Kranarm) und Kabine sind auf der Ladefläche eines Lastwagens angebracht.

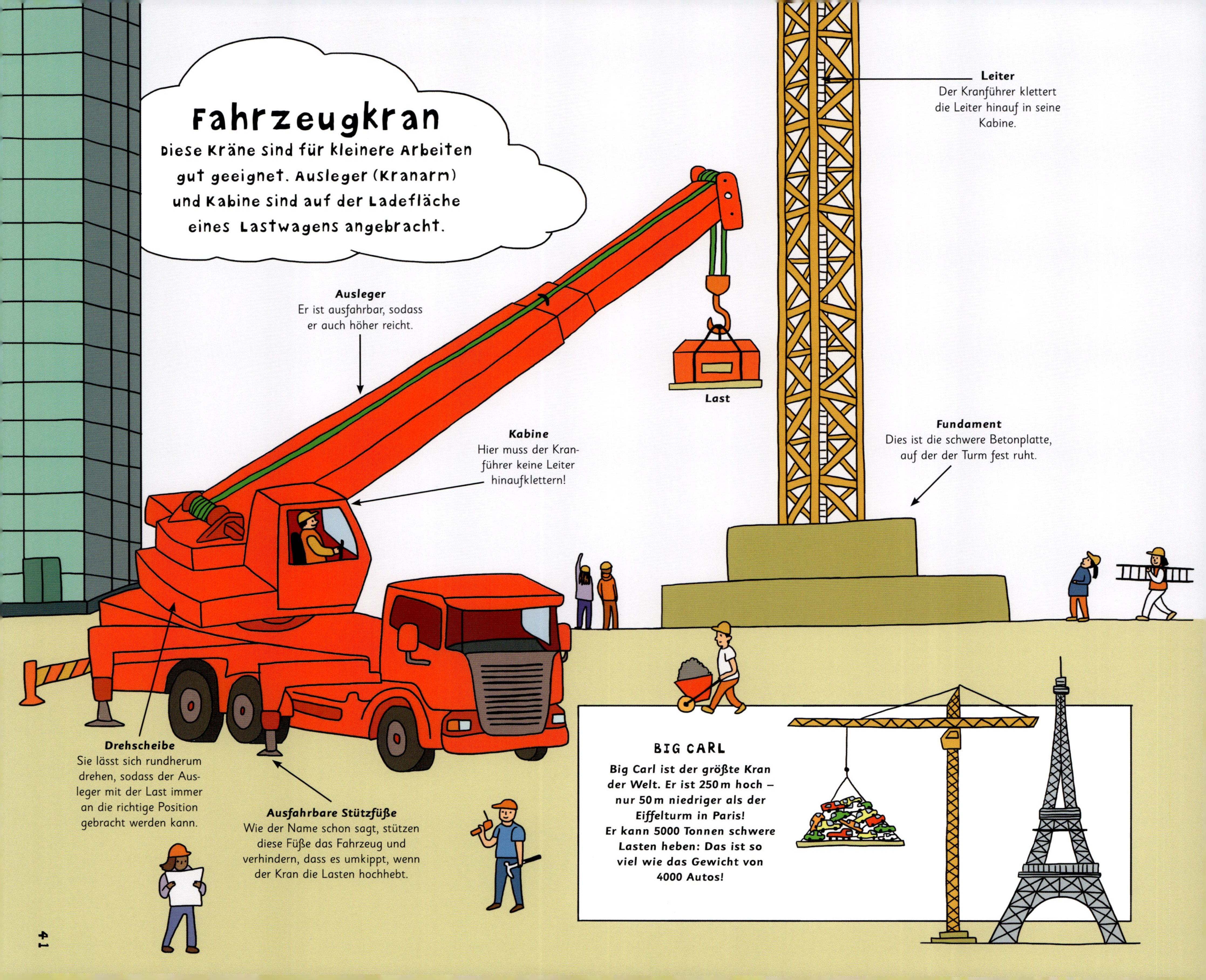

BIG CARL

Big Carl ist der größte Kran der Welt. Er ist 250 m hoch – nur 50 m niedriger als der Eiffelturm in Paris! Er kann 5000 Tonnen schwere Lasten heben: Das ist so viel wie das Gewicht von 4000 Autos!

DIE GRÖSSTE MASCHINE

Es gibt einige wirklich riesige Maschinen, die aber fast niemand je zu Gesicht bekommt. Der Große Hadronen-Speicherring („Large Hadron Collider", LHC) ist mit 27 km Länge die größte Maschine der Welt. Sie liegt 100 m unter der Erde in der Schweiz und gehört zu einem europäischen Forschungszentrum namens CERN.

1

Die Teilchenstrahlen werden zuerst durch das Super Proton Synchrotron stark beschleunigt und dann in den Ringtunnel (Collider) weitergeleitet, wo sie in entgegengesetzten Richtungen herumrasen.

2

Auf ihrer Bahn durch den Tunnel werden die Teilchen von einem Magnetfeld gelenkt, das von mehr als 1200 Elektromagneten (Metallteile, die magnetisch werden, wenn Strom durch sie fließt) entlang der Tunnelwände erzeugt wird. Jeder Magnet ist 15 m lang und wiegt 35 Tonnen!

3

Die Teilchen stoßen beinahe mit Lichtgeschwindigkeit zusammen. Man nennt das kollidieren. In jeder Sekunde finden 1 Milliarde Kollisionen statt! Bei jedem Zusammenstoß spalten sich die Teilchen in noch kleinere, sogenannte subatomare Teilchen, auf.

4

Die Kollisionen ereignen sich an vier verschiedenen Orten im Tunnel. Spezielle Geräte, die Detektoren, sammeln Daten und senden sie an die Computer und Wissenschaftler oben über dem Erdboden. Anhand dieser Daten erforschen die Wissenschaftler einige der noch ungelösten Rätsel. Die einen suchen nach bestimmten oder auch ganz neuen Teilchen, andere versuchen, mehr über den Urknall zu erfahren.

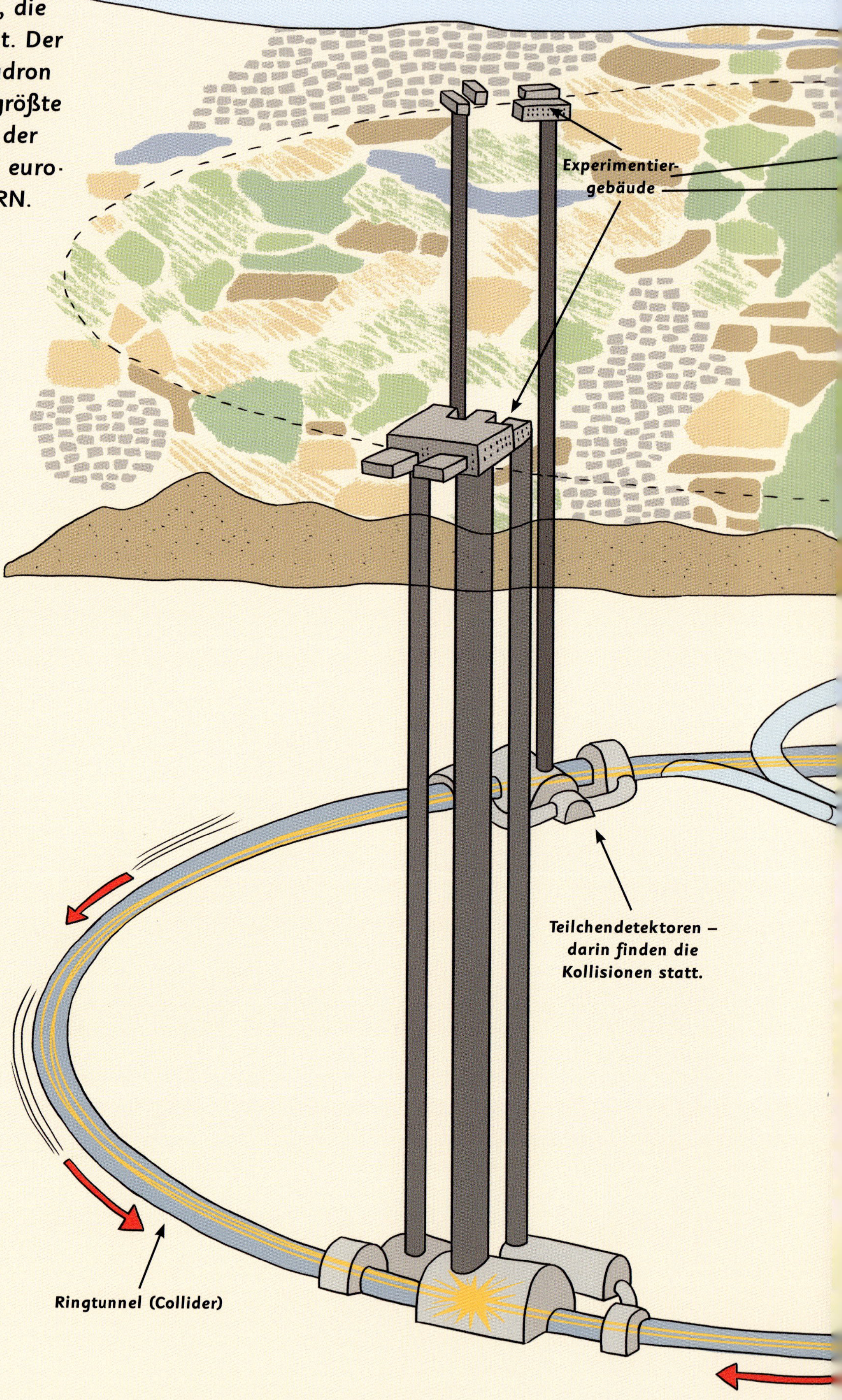

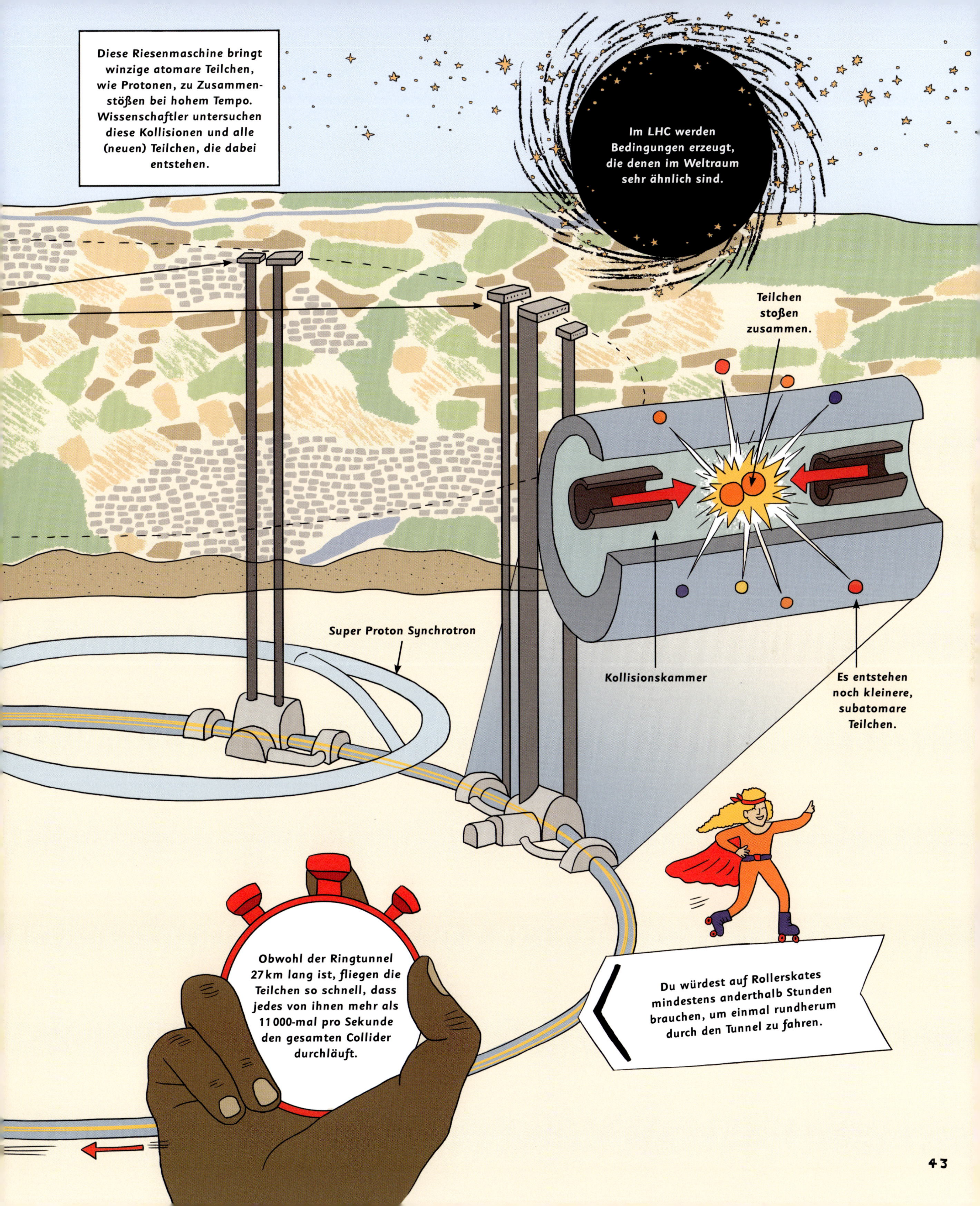
Diese Riesenmaschine bringt winzige atomare Teilchen, wie Protonen, zu Zusammenstößen bei hohem Tempo. Wissenschaftler untersuchen diese Kollisionen und alle (neuen) Teilchen, die dabei entstehen.
Im LHC werden Bedingungen erzeugt, die denen im Weltraum sehr ähnlich sind.
Teilchen stoßen zusammen.
Super Proton Synchrotron
Kollisionskammer
Es entstehen noch kleinere, subatomare Teilchen.
Obwohl der Ringtunnel 27 km lang ist, fliegen die Teilchen so schnell, dass jedes von ihnen mehr als 11 000-mal pro Sekunde den gesamten Collider durchläuft.
Du würdest auf Rollerskates mindestens anderthalb Stunden brauchen, um einmal rundherum durch den Tunnel zu fahren.

ROBOTER

Es gibt viele Geschichten, in denen sich Roboter beinahe wie Menschen verhalten und superintelligent sind. Im echten Leben sind sie dagegen nur Maschinen, die komplizierte Aufgaben für uns erledigen.

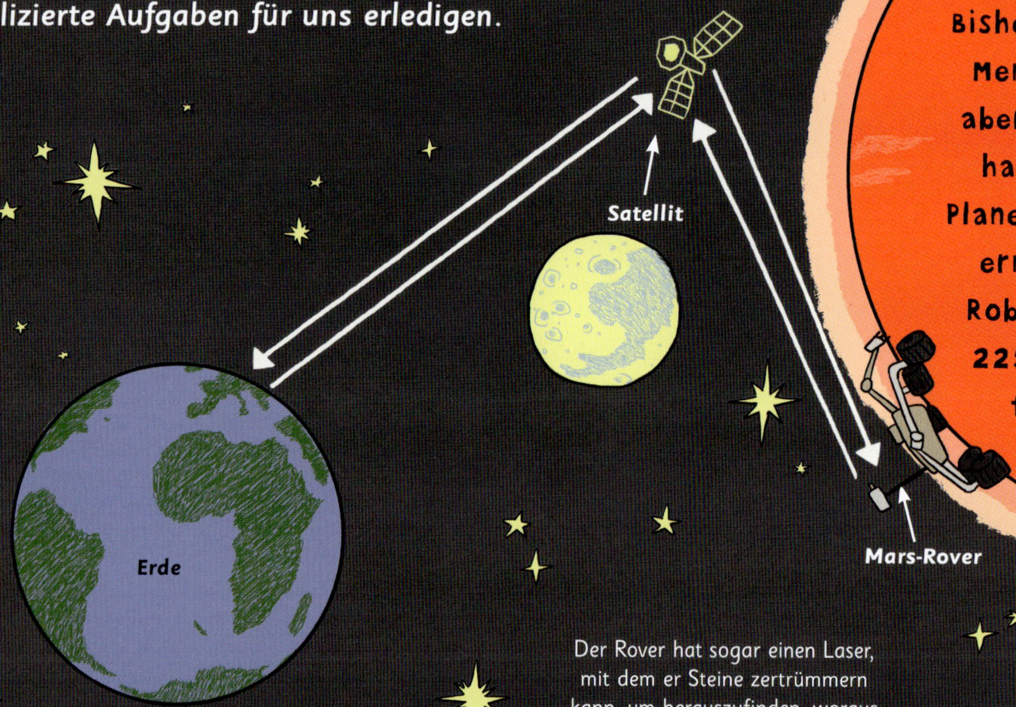

Mars-Rover

Bisher haben wir zwar noch keine Menschen zum Mars geschickt, aber dank der tollen Mars-Rover haben wir schon viel über den Planeten erfahren. Aber wie steuern die Wissenschaftler diese Roboterfahrzeuge, die in etwa 225 Mio. km Entfernung umherfahren, von der Erde aus?

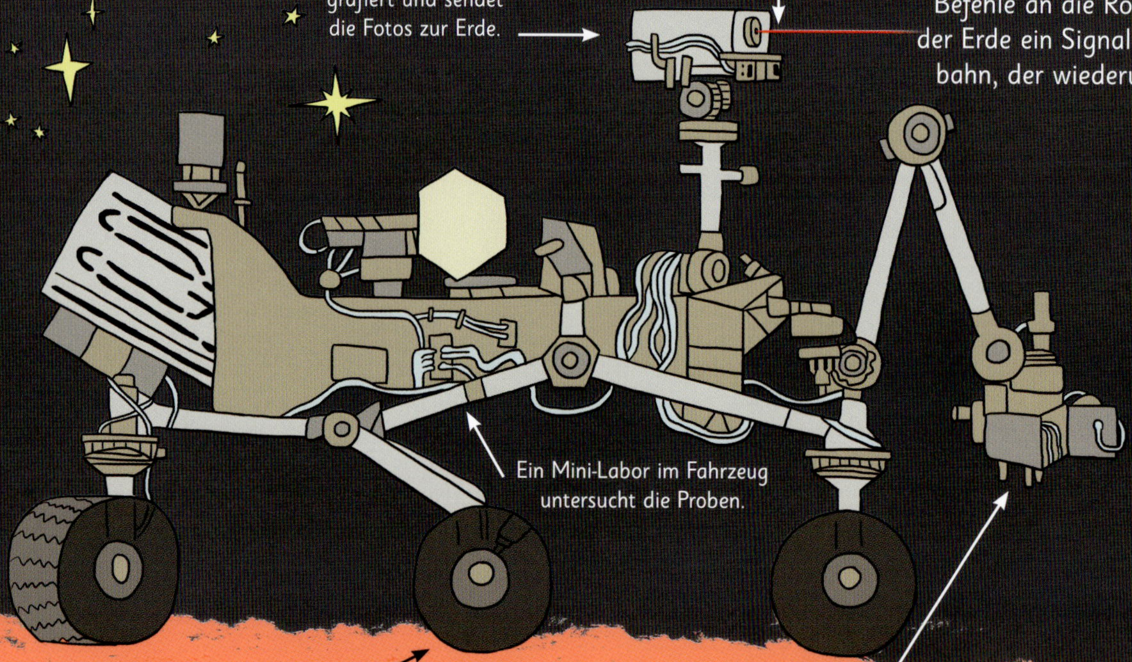

1

Die Weltraumagentur NASA, die die Mars-Rover erfunden hat und der sie gehören, sendet über Satelliten Befehle an die Roboter. Dabei schickt eine Antenne auf der Erde ein Signal an einen Satelliten in der Marsumlaufbahn, der wiederum das Signal zum Rover weiterleitet.

2

Die Antenne des Rovers empfängt die Befehle, die ihm sagen, wohin er fahren und welche Experimente er durchführen soll.

3

Der Rover führt die Befehle aus und sammelt alle Informationen. Anschließend sendet er die Daten ebenfalls über Satellitensignale zurück zur Erde.

Maschinen bauen Maschinen

Jedes Jahr helfen Roboter uns, viele Millionen Autos zu bauen. Sie können immer wieder die gleiche Aufgabe erledigen, ohne je müde zu werden. Und beklagen tun sie sich auch nicht!

In einer Autofabrik bewegen sich die Autos auf Förderbändern. An jeder Station erfüllt ein spezieller Roboter eine ganz bestimmte Aufgabe.

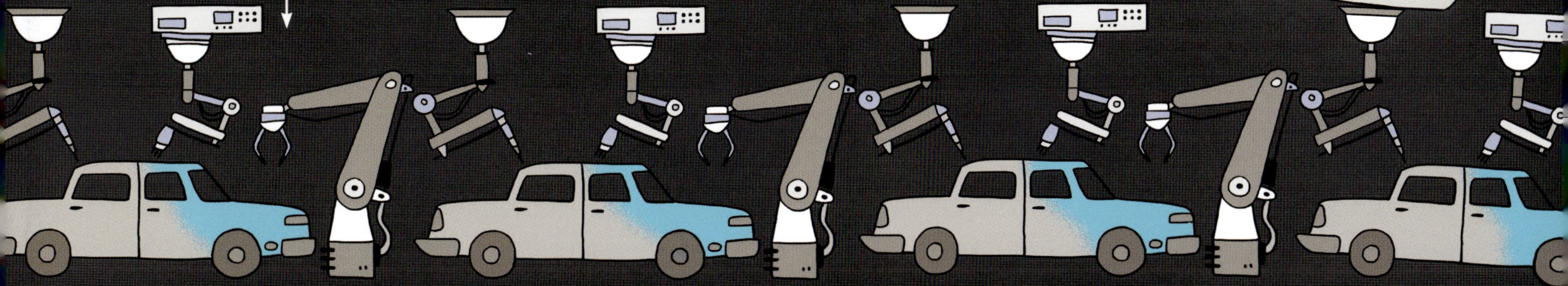

Dieser lange, schlanke Roboter ist dreh- und schwenkbar. Durch seine Düse besprüht er das Auto mit Lack.

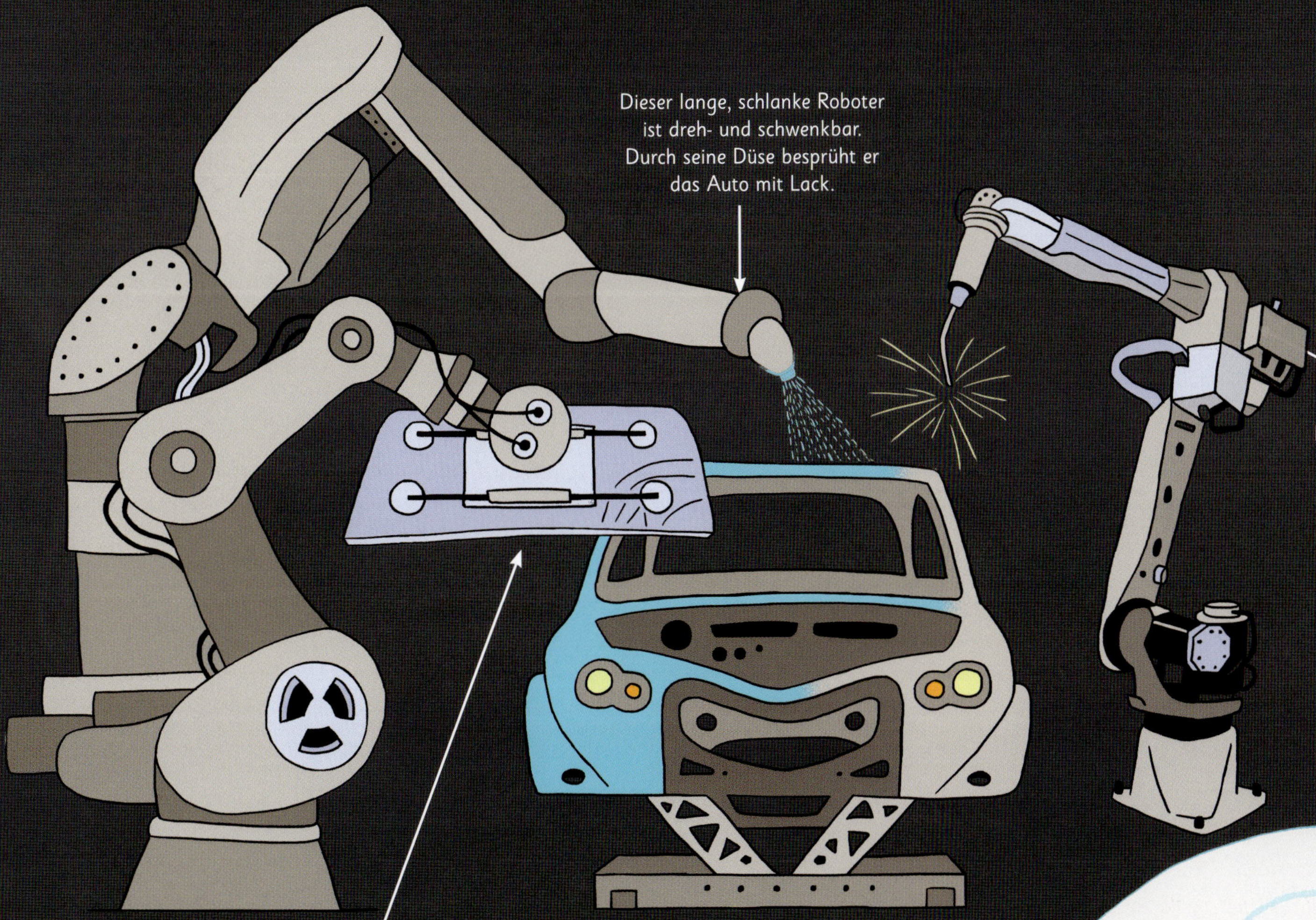

Dieser Roboter verbindet Metallteile miteinander. Er erhitzt ihre Enden so stark, dass sie verschmelzen. Das nennt man Schweißen.

Dieser Roboter hat Saugnäpfe am Ende des Arms, mit denen er die Windschutzscheibe festhält, während er sie in Position bringt. Anschließend setzt er sie ein.

Manche Roboter arbeiten in der Fabrik auch Seite an Seite mit Menschen. Sie haben spezielle Wahrnehmungssysteme, damit sie ihre menschlichen Arbeitskollegen nicht aus Versehen verletzen.

Begriffe

Achse
Eine Stange, die lose durch die Mitte eines Rads verläuft. Sie dreht sich nicht mit, wenn das Rad sich dreht.

Antenne
Ein Metalldraht oder eine Metallstange zum Empfangen und Senden von Funk- und Fernsehsignalen.

Atom
Der kleinste Teil eines chemischen Elements. Ein Element ist ein Stoff, der nur aus einer Art von Atomen besteht, zum Beispiel Kohlenstoff.

Digital
Ein System, bei dem Informationen nur durch Einsen und Nullen übertragen werden. So arbeiten zum Beispiel Computer.

Drehpunkt
Der Punkt, um den sich ein Hebel dreht oder der ihn stützt. Die Last in einer Schubkarre wird zum Beispiel durch das Rad und dessen Achse gestützt.

Druck
Die Kraft, mit der Energie oder ein Gegenstand auf einen anderen Gegenstand einwirkt.

Flaschenzug
Ein Rad, über dessen Kante ein Seil verläuft, mit dessen Hilfe man Lasten leichter heben kann.

Funkwelle
Eine Welle mit niedriger Energie, die für die Übertragung von Signalen über weite Entfernungen hinweg genutzt wird.

Gegengewicht
Beim Kran: Ein Gewicht, das die zu hebende Last auf der anderen Seite ausgleicht, sodass der Kran nicht umkippt.

Generator
Eine Maschine, die Strom erzeugt.

Getriebe
Eine Vorrichtung, die die Geschwindigkeit von Maschinen und Fahrzeugen verändert.

Hebel
Eine Stange oder ein Brett, das an einem Drehpunkt aufliegt oder befestigt ist, sodass man damit Lasten leichter heben kann. Die Last liegt auf einem Ende und das andere Ende wird niedergedrückt oder gehoben.

Keil
Ein einfaches Gerät, dessen Seitenflächen in einem spitzen Winkel zusammenlaufen. Es wird benutzt, um Dinge zu spalten oder zu teilen.

Kolben
Teil einer Maschine: Ein kurzer Zylinder in einem Rohr, der sich auf und ab oder hin und her bewegt und damit andere Teile der Maschine antreibt.

Kollision
Ein anderes Wort für Zusammenstoß.

Kompressor
Eine Maschine, die Luft oder andere Gase zusammenpresst und dadurch verdichtet.

Kraft
Das Wirken auf Dinge, das sie in Bewegung setzt oder ihre Richtung oder Form verändert. Wenn du einen Ball kickst, lässt die Kraft deines Fußes ihn in die Höhe fliegen. Wenn der Wind weht, dreht seine Kraft die Blätter der Windräder.

Laser
Ein Gerät, das einen starken Lichtstrahl erzeugt, der Metall zerschneidet oder auch für chirurgische Operationen genutzt wird.

Leiter
Ein Stoff, durch den Elektrizität fließen kann.

Leiterplatte
Eine dünne Metallscheibe in einem Elektrogerät, auf der elektrische Schaltkreise angebracht sind.

Mechanische Energie
Maschinen setzen mechanische Energie ein. Wenn du auf dem Fahrrad den Fuß hebst, nimmt seine Lageenergie zu. Drückst du mit dem Fuß das Pedal nach unten, verwandelt sich die Lageenergie in Bewegungsenergie. Die Räder drehen sich und das Fahrrad bewegt sich vorwärts.

Mikrochip
Ein winziger Computer auf einer Leiterplatte.

Motor
Eine Maschine, die mit Strom oder Treibstoff angetrieben wird und dann eine andere Maschine oder ein Fahrzeug antreibt.

Orbit
Anderes Wort für Umlaufbahn: die Bahn eines Himmelskörpers um einen Planeten oder Stern.

Reibung
Die Kraft, die entsteht, wenn zwei Oberflächen gegeneinander bewegt werden.

Satellit
Eine elektronische Maschine, die im Weltraum um die Erde (oder einen anderen Planeten) kreist. Sie wird für Radio- und Fernsehübertragungen genutzt oder sammelt andere Informationen.

Scanner
Ein Gerät, das etwas abliest oder prüft. Es arbeitet mit Licht, Schall oder Röntgenstrahlen. Röntgenscanner „sehen“ in Dinge und Körper hinein.

Schiffsrumpf
Der untere Teil des Schiffs, der im Wasser liegt.

Sensor
Ein Gerät, das auf Licht, Schall, Wärme oder Druck reagiert und daraufhin bewirkt, dass eine Maschine etwas tut oder anzeigt.

Spannung
Die Stärke der Kraft, die einen elektrischen Strom erzeugt.

Strahlung
Die Übertragung von Energie in Form von Wellen oder Teilchen. Beispiele dafür sind Wärme, Licht und Röntgenstrahlen.

Strom
Der Fluss von Elektrizität.

Stromkreis
Ein geschlossener Kreis aus Drähten und Geräten, durch den elektrischer Strom fließt.

Teilchen
Winziges Stück Materie, wie ein Photon (Lichtteilchen), Elektron oder Proton (Atomteilchen).

Transformator
Ein Gerät, das elektrische Spannung erhöht oder verringert.

Vibrieren
Sehr schnell schwingen.

Welle
Bei Maschinen: eine Stange, die Drehbewegungen überträgt. Sie verläuft zum Beispiel durch die Mitte eines Rads und ist fest mit ihm verbunden. Wenn sie sich dreht, dreht sich das Rad mit.

Zylinder
Ein länglicher Gegenstand mit zwei kreisförmigen, flachen Enden.